Fabian Vogt

Nestbautrieb

Die schaurig-*schönste* Zeit des Lebens

Mit Cartoons von Thees Carstens

Gütersloher Verlagshaus

Bibliografische Information der Deutschen Nationalbibliothek
Die Deutsche Nationalbibliothek verzeichnet diese Publikation
in der Deutschen Nationalbibliografie; detaillierte bibliografische
Daten sind im Internet über http://dnb.d-nb.de abrufbar.

FSC
Mixed Sources
Product group from well-managed
forests and other controlled sources
Cert no. SA-COC-001819
www.fsc.org
© 1996 Forest Stewardship Council

Verlagsgruppe Random House
FSC-DEU-0100
Das FSC-zertifizierte Papier *EOS*
für dieses Buch liefert Salzer, St. Pölten

1. Auflage
Copyright © 2010 by Gütersloher Verlagshaus, Gütersloh,
in der Verlagsgruppe Random House GmbH, München

Umschlagmotiv: Thees Carstens
Druck und Einband: CPI Moravia Books s.r.o., Pohorelice
Printed in Czech Republic
ISBN 978-3-579-06544-1

www.gtvh.de

FÜR MIRIAM!
(Zufrieden? Darf ich jetzt wieder im Ehebett schlafen?)

UND CHARLOTTE UND MORITZ
(Ihr seid die wundervollsten Nestbeschmutzer aller Zeiten.)

Inhalt

Liebe Nestbäuerinnen und -bauern!

Mal ganz ehrlich: Waren Sie auch so naiv? So unbedarft? So treudoof? Haben Sie auch 25 Jahre lang gebetsmühlenartig halluziniert: „Wenn ich erst einmal einen Menschen finde, der mich freiwillig erträgt, dann beginnt das Leben. Endlich." Beziehungsweise: „Wenn ich erst einmal diese abstruse Ausbildung oder dieses paranoide Studium abschließe …, wenn ich dereinst fette Knete verdiene …, wenn ich zwei total süß-und-knuddelige Kinder bekomme …, dann … ja, dann werde ich so richtig glücklich sein!"

Und niemand, wirklich niemand, war so gnädig, Ihnen die Wahrheit zu sagen. Die ganze Wahrheit: dass nämlich genau dann Schluss ist. Schluss mit lustig. Schluss mit dem Genuss. Schluss mit dem Lotterleben. Schluss mit der Leichtigkeit. Schluss mit der rosa Brille. Endstation Sehnsucht. Matthäi am Letzten. Aus und vorbei.

Ich wette, es hat Ihnen auch keiner das freche Teufelchen gezeigt, das plötzlich grinsend auf

Ihrer Schulter saß – mit dem Schild in der Hand: „Willkommen in der Vorhölle!" Und daneben Ihr Name. In Großbuchstaben. Ja, Ihrer. Das Teufelchen hat erst leicht die Mundwinkel verzogen und dann höhnisch geflüstert: „Arme Sau. Du glaubst doch nicht ernsthaft, dass du das Leben kennst. Oh nein. Das Fegefeuer fängt für dich gerade an. Und nicht mal ich würde in dieser Phase mit dir tauschen. So viel ist mir deine Seele nicht wert."

Ich weiß, dass klingt hart und gemein. Aber wenn es doch nun mal stimmt. Gegen die Horrorjahre des Nestbaus ist die Jugendzeit das reine Zuckerschlecken, ein zärtliches Vorspiel der Realität, ein verhätscheltes Genießen der Verantwortungslosigkeit. Und dann plötzlich knallt Ihnen jemand das Leben auf den Tisch und sagt: „Mach mal!"

„Äh, Moment. Ich? Ich, ganz alleine? Das Leben? Ja, wie geht das denn?"

Tja, wie geht das … mit dem Nestbau, dem Hauskauf, dem Richtfest, dem Umzug, dem Möbelaussuchen, dem Leasen des Familienwagens, dem Kindergeschrei, der Jobsuche und dem dezenten Überriechen all der Socken, die Ihr Partner seuchenartig im gesamten Haus verteilt? Nun, das müssen Sie ganz allein herausfinden.

Niemand hilft Ihnen beim Flüggewerden. Niemand verrät Ihnen, was denn nun der Sinn des Lebens ist. Oder sagen wir mal so: Auf die dämlichen Ratschläge derer, die Ihnen ihre Hilfe partout aufdrängen wollen, legen Sie meist keinen großen Wert. Ich sage nur (völlig wertfrei): Schwiegermutter.

Auf einmal tragen Sie die Verantwortung für eine ganze Welt – und spüren auch instinktiv die Sehnsucht, aus Ihrer Existenz etwas machen zu wollen. Sprich: Sie müssen sich anständig im Leben einrichten, aber es gibt keine Prospekte. („Baust du noch – oder lebst du schon?") Sie müssen also selbst herausfinden, was Sie wollen. Und warum. Und dabei fällen Sie lauter Entscheidungen, die unwiederbringliche Weichenstellungen sind: Was Sie jetzt tun, hat Konsequenzen, die noch Ihre Trauerfeier prägen werden. Dass einem bei dieser Last bisweilen ziemlich schummrig wird, verstehe ich.

Gott sei Dank lesen Sie nun dieses Buch. Glückwunsch! Jawohl. Es handelt sich dabei nämlich um einen fröhlich-schamlosen Ratgeber, der Ihnen vor allem dadurch hilft, dass er nicht um den heißen Brei herumredet, sondern Ihnen das ganze Ausmaß der Katastrophe so überspitzt vor Augen führt, dass Ihre eigenen Erlebnisse Sie nicht mehr schrecken. Außerdem: Ein befreiendes Lachen hilft eigentlich immer, entspannter mit dem Alltag umzugehen.

„Moment mal", sagen Sie jetzt. „Warum haben uns unsere Eltern denn nicht gewarnt? Oder unsere Großeltern? Die müssen das doch auch durchgemacht haben." Oh ja, das haben die. Aber sie haben es verdrängt. Das Trauma der Nestbauzeit. Diese Dämmerung in der Seele. Dieses Jahrzehnt des Wachkomas. Glauben Sie mir: Im Lauf der Jahre legt sich ein gnädiger Schleier des Vergessens darüber. Und das, was noch an Erinnerungen da ist, wird bei Nachfragen kaschiert – mit einer Spontandemenz.

Verdrängt ist der Augenblick, in dem Tante Helga sich theatralisch die Pulsadern aufschnitt, weil die Trendfarbe der neue Sitzgarnitur, „Sahara-Besch", zuhause wie Hundekacke aussah. Ein riesiger Haufen mitten im Wohnzimmer. Oder die Überraschung, als sich der elegante grüne Reliefputz als daumendicke Schimmelschicht entpuppte. Verdrängt der Schock, als klar wurde, dass der Makler das Haus in der Einflugschneise während eines Fluglotsenstreiks angepriesen hatte. Oder als der Gutachter lächelnd zeigte, wo der polnische Bautrupp statt Zement Puderzucker genommen hatte. Was nicht nur das Taumeln der Wände, sondern auch die gigantische Ameisenkolonie erklärte. Das passierte, kurz nachdem die Ehe wegen der Frage nach der Position der Steckdosen in der Einbauküche ohnehin fast zerbrochen wäre. Oder der Moment, in dem selbst Kölnisch Wasser den penetranten Geruch nach Babykotze nicht mehr übertünchen konnte. Oder der, in dem der junge Vater nach acht Stunden nächtlichem Säuglingsschuckeln („Is gut! Is gut! Is gut! *Schlaf endlich, du Geißel Gottes!*") vor Übermüdung mit dem Gesicht in die Müslischüssel knallte – und beinahe ertrunken wäre. Was er wahrscheinlich als Erlösung empfunden hätte.

Oder der Blick, als der neue Chef perfide fragte: „Möchten Sie Ihre Abfindung in bar oder als Aldi-Gutschein?" Oder die Überraschung, als ein Bote der Nachbarn in der Tür stand, ein Italiener mit Armani-Anzug und Beule in der Weste. Der hatte mit rauer Stimme gesagt: „Der Patrone mag nicht, dass du hier wohnst. Lass uns spazieren gehen."

Und diese Splatter-Erlebnisse sind nur die Spitze des Eisbergs. Sagen wir, wie es ist: Der Nestbau ist die herausforderndste Zeit des Lebens. So schwer hat man es nie wieder. Vorher nicht und nachher nicht. Das Dasein stürzt wie eine gigantische Brandungswelle über einen herein – und zwar lange, bevor man schwimmen gelernt hat.

Tragisch ist das, weil man dabei auch die dunklen Seiten seines Partners kennenlernt. Also: kennenlernen muss. Das Alien im anderen. Die Abgründe. Das eben noch so geliebte Wesen entpuppt sich als geschmackloser, triebhafter Trottel mit zwei linken Händen und braunem Daumen. Einer, der seit vier Tagen versucht, ein IVAR-Regal mit einem Imbus-Schlüssel aufzubauen. Kein Wunder, dass ein spanisches Sprichwort sagt: „Man liebt sich in der Dämmerung und heiratet bei Kerzenschein – aber zusammenleben muss man bei Tageslicht." Nestbau ist die wahre Bewährungsprobe. Spiel ohne Grenzen – und ohne Hola. Gilbert Keith Chesterton fand sogar: „Die Ehe ist ein Abenteuer wie in den Krieg ziehen." Und Sie, Sie stecken wahrscheinlich gerade mitten im Schützengraben. Gratuliere! Gut gemacht.

Ich könnte Ihnen stundenlang von den schockierenden Erfahrungen der Nestbauzeit erzählen. Und das tue ich auch. In diesem Buch. Weil Sie die Wahrheit verdient haben. Und weil Sie ja nicht daran vorbeikommen. Klar, im Alter kann man sich mit Tabletten so benebeln, dass die Erinnerungen verwischen. Aber wenn nach der Ausbildungsphase der Nestbautrieb ausbricht, dann sind wir alle Opfer unserer Gene. Dann fangen wir an, uns einzurichten – ob wir wollen oder nicht. Wirklich! Selbst der oberfreakige Altachtundsechziger erlebt auf einmal die Zertrümmerung seines Weltbildes. Dann nämlich, wenn der hinterhältigste aller terroristischen Schläfer, das Spießer-Gen, unerwartet mit seinen Attentaten beginnt: Anstatt bis zum Morgengrauen in der Disco abzutanzen, ertappt man sich dabei, dass man durch Möbelhäuser irrt (zufällig natürlich), dass man beseelt vor Schaufenstern mit rosafarbenen Babyutensilien stehen bleibt und andauernd (nur mal so aus Spaß) ausrechnet, wie viele Quadratmeter man sich eigentlich leisten könnte.

Ich sage Ihnen was: Dann ist es schon zu spät. Dann hat er einen erwischt: der Terror-Trieb.

Und gegen diesen bald mächtig aufbrausenden Drang ist kein Kraut gewachsen. Wie heißt es im Volksmund: „Gegen das Einrichten kann man nichts ausrichten." Vor allem bei Frauen nicht. Darum sagt ja auch ein polnisches Sprichwort: „Die Frau weint vor der Hochzeit, der Mann nachher." Hey, die kennen sich aus, die Polen. Wir Deutschen dagegen tun ja gern so, als hätten wir gar keine Probleme. Zumindest reden wir nicht offen drüber. Wirklich. Bei uns ist die Aussage „Ich kann nicht klagen!" ein echter Jubelruf. Und wer stellt sich als Mann schon in der Kantine neben seinen Kollegen und schluchzt: „Wir hatten seit vier Wochen keinen Sex mehr. Weil ich die Lampen noch nicht angebracht habe." Oder: „Irgendwie setzen mir die Lösungsmittel zu. Gestern habe ich unser gesamtes Erspartes bei Lehman-Brothers angelegt." Oder: „Seit unser Baby da ist, bin ich Luft für sie. Abgas. Und unser Kommunikationsniveau ist auf das der Tele-Tubbies gesunken. Ai bäh: Gutschi-gutschi."

Na gut, andere dagegen sind ja der festen Überzeugung, dass ein Junge ohnehin erst dann zum Mann wird, wenn er eine Hilti hat. (Erklärung für Frauen:) „Hilti" ist nicht die Tochter von Paris Hilton, sondern eine professionelle Schlagbohrmaschine. Und irgendwie kompensieren wir

Kerle damit irgendwas. Ich meine: Der Name sagt doch alles, „Schlag-Bohr-Maschine". Oder noch krasser „Bohrhammer": „Ey, willst du mal meinen Bohrhammer sehen, Baby?"

Woher weiß ich das alles? Nun, ich bin durch die Nestbauphase gerade durch. Ich hab jetzt eine Hilti, oh ja. Aber die Narben sind trotzdem groß und tief. Und schmerzvoll. Viele meiner schönsten Ideale wurden vernichtet, und die Nachwirkungen hören einfach nicht auf. Grässlich. Außerdem bin ich nicht nur Autor, sondern auch Teilzeit-Pfarrer. Und jedes Mal, wenn ich wieder ein Paar mit glasigen Augen aufs Pfarrhaus zutorkeln sehe, weiß ich Bescheid: „Das sind die wahren Märtyrer der Neuzeit. Opfer des Nestbautriebs."

Und ich gestehe offen: Kaum fangen die beiden röchelnd an, auszupacken und tränenüberströmt von den Tantalusqualen ihres Alltags zu erzählen, könnte ich für einen kurzen Moment meinen Glauben verlieren. Wieso hat Gott dem Menschen einen so barbarischen Trieb in die DNA gepfuscht? „Bau dir ein Nest!" Oder steckt dahinter ein überirdischer Plan? Sollen wir vielleicht am eigenen Leib erleben, wie weit wir vom Himmel weg sind? Herrje. Heißt es deshalb in der Bibel „Gebeugt wird der Mensch, gedemütigt der Mann" (Jes 2,9)? Und schreit deshalb der Prophet Jeremia flehentlich zum Himmel: „Ich weiß, Herr, dass des Menschen Tun nicht in seiner Gewalt steht" (Jer 10,23)? Hey, wahrscheinlich musste dieser Jeremia auch gerade umziehen. Und die Kamele wollten nicht gehorchen. Oder seine Frau fand zum achten Mal, dass der Zelteingang doch in eine andere Richtung zeigen sollte. „Jerry, bitte, diesmal weiß ich genau, wie es sein soll." Keine Ahnung. Ist ja auch egal.

Tatsache ist jedenfalls: Im Lauf der Jahre bin ich zu einem echten Nestbautrieb-Experten geworden. Ich kenne sie alle, die Alpträume. Sprich: Die Erfahrungen, die ich Ihnen in diesem Buch in Form einer heiteren Ich-Erzählung zumute, sind wirklich passiert. Entweder mir – oder einem verzweifelten Menschen, der mir die Schrecken seiner Existenz unter dem Seelsorgegeheimnis anvertraut hat. Das ich natürlich wahre. Wirklich. Sie als Leserin oder Leser werden nicht herausfinden, wer dahinter steckt. Nur eines verrate ich Ihnen: Die schlimmsten Dinge haben immer mit meiner Frau zu tun.

Halt! Das alles könnte Sie jetzt irgendwie entmutigen. Aber das will es nicht. Im Gegenteil. Diese kabarettistischen Geschichten wollen Sie aufbauen. Motivieren. Und Ihnen zeigen, dass nicht nur *Ihr* Partner ein Sumpfhirn ist. Lassen Sie Ihren Nestbautrieb ruhig raus! Er soll sich austoben dürfen. Wild und ungestüm. Bauen Sie sich das schönste, größte, tollste, bunteste und beneidenswerteste Nest von allen! Nur: Fallen Sie dabei nicht zu oft vom Baum! Und vermeiden Sie Kollateralschäden wie Scheidungen, tieffliegende Tassen, kinderpsychologische Notfälle und vergessene Lebensträume! Es wäre schade, wenn es dazu käme.

Obwohl: Vielleicht gehören Sie ja zu den Berufenen, zu den wenigen, die eines Tages verklärt zurückschauen und säuseln: „Ach, die Nestbauzeit. Das war die schönste Zeit meines Lebens." Dann wird der Pfleger Sie sanft am Arm nehmen, Ihnen eine doppelte Dosis Ritalin verpassen und Sie zurück in die Zelle führen – weil Ihnen das niemand glaubt.

Lachen Sie gut! Sie schaffen das! Bestimmt.

Schmerzlich verbunden
Ihr
Fabian Vogt

Einleitung

Die Zeit des Grauens begann für mich auf einer Party. Im trüben März. Kurz nach den Abschlussprüfungen meiner Auserwählten. Und hätte ich geahnt, welche Schrecken auf mich zukommen, ich wäre wie von der Tarantel gestochen davongerannt – um mich irgendwo auf der Welt einem Zeugenschutzprogramm zu unterwerfen. Sie wissen schon: Da geben die einem eine völlig neue Identität und kümmern sich um alles. Hey, eigentlich eine Superidee! Ich meine: Die bauen einem dann ja quasi das Nest. Manchmal scheint mir das heute noch verlockend. Nur leider begeht niemand vor meinen Augen ein Kapitalverbrechen – außer meiner Auserwählten natürlich. Und da bin ich befangen.

Also, Miriam (so heißt das Wesen, das sich dreist in mein Leben drängen musste[1]) hatte be-

---

1 Wie es dazu kommen konnte, warum jede Gegenwehr zwecklos war und wie sie mich (wahrscheinlich mit Hilfe von Drogen, Hypnose oder neurohinterlistiger Programmierung) vor den

schlossen, zu ihrem äußerst mühsam bestandenen Examen eine (ich zitiere) „geile Motto-Fete" zu machen. Und zwar „Monster der Nacht." Sie findet so was toll. Ich dagegen hasse sowohl Feten als auch Mottos, und vor allem dieses: „Monster der Nacht". Außerdem fand ich, dass die meisten Gäste sich nicht hätten verkleiden müssen. Außer vielleicht mit einem Motorradhelm. Na ja, Hässliche entstellt nichts. Wie dem auch sei: Die Stimmung ist natürlich riesig, wenn man umgeben ist von Vampiren, Zombies, Hexen, Dämonen und Werwölfen – die alle schon vier Bier intus haben. Und auch so riechen. Und außerdem zu Abba tanzen und lauthals gröhlen: „Se winna taiks id ohl." Dass ist eine wahrhaft spirituelle Erfahrung. Da haben Sie keine Angst mehr vor dem Tod.

Während meine Gedanken zu den Gruselbildern von Hieronymus Bosch abdrifteten, versuchte unser Freund Peter, mir durch den Lärm etwas zu sagen. Und jedes Mal, wenn der Mann den Mund aufmacht, erschrecke ich. Ehrlich. Er ist nämlich Urologe und liebt es total, der ganzen Welt unaufgefordert die scheußlichsten Details

---

Traualtar gezerrt hat, lesen Sie in dem Buch „Sag einfach Ja! Der schaurig-schönste Tag des Lebens" (Gütersloh 2009). Es gilt inzwischen als einschlägiges Standardwerk für Psychoanalytiker, Masochisten und verhärmte Kampf-Singles.

seiner Arbeit zu beschreiben. Ja, Peter Ratgeber gehört zu den Menschen, die pausenlos nerven, ohne dass ihnen das bewusst würde. Verrückt, oder? Nun, dafür sind er und seine Frau Anke total treu und merken auch nicht, wenn man sie beim Doppelkopf bescheißt. Das hat was für sich. Nein. Ich mag sie wirklich. Es sind tolle Freunde. Sie haben nur eben kein Gespür für die Situation.

Es kann zum Beispiel sein, dass einem gerade jemand sehr intim das Herz ausschüttet, mit Tränen in den Augen, weil – was weiß ich – der Opa gestorben, die Partnerin mit einer wesentlich Älteren fremdgegangen, das Kind mit ADS infiziert oder die Familie heillos zerrüttet ist. Dann kommt der voll sensible Peter dazu und sagt fröhlich:

„Hey, wollt ihr mal dieses neue Mittel gegen ‚Ejaculatio praecox' ausprobieren, also gegen vorzeitigen Samenerguss. Das hilft wirklich. Ich habe hier ein paar kostenlose Proben vom Hersteller. Wie wär's?"

Also erst einmal, welcher Idiot ruft da laut in der Öffentlichkeit: „Ich brauch das"? Aber das nur am Rand. Denn während das heulende Elend, diese Person, die sich nach langem Zögern endlich jemandem offenbart hat, in sich zusammensackt, liefert Peter eine ausführliche Beschreibung der Funktion von Schwellkörpern, der durchschnittlichen Kopulationsdauer in

Mitteleuropa – und jedes Mal die gleiche grausame Anekdote. Die, wie er einmal einem schreienden Mann in der Ambulanz helfen musste. Ja, der hatte nämlich seine Vorhaut im Reißverschluss der Jeans eingeklemmt. Wirklich, das ist so passiert. Und eine richtig eklige Geschichte, die schon beim Zuhören wehtut. Nebenbei: Wenn Sie jetzt als Mann nicht zusammengezuckt sind, dann haben Sie den Härtetest für dieses Buch bestanden. Darum habe ich das hier auch eingefügt.

Aber zurück zu diesem Abend mit den „Monstern der Nacht".

„Was ist?" habe ich zurückgeschrien, als Peter auf der Party zu mir kam.

„Wir helfen euch!"

Gedacht habe ich „Bitte nicht!" Gesagt habe ich: „Wobei?"

„Na, bei der Wohnungssuche, beim Umzug, beim Einrichten – und wenn du willst auch beim Kinderkriegen." Er lachte schmutzig, während mir das Herz bis in die Beine meiner wurstfarbenen Wichtelhose rutschte. Wovon redete dieser anämische Heinzelmann? Dieser Urologe mit Zipfelmütze? Dieses Mittelding zwischen Ork und Kobold? Was wollte der von mir?

Peter hatte sich inzwischen den Weg zu mir gebahnt, so dass sein Mund nun direkt neben meinem Ohr lag. Leider brüllte er genauso laut weiter wie vorher: „Na, Miriam schwärmt gerade allen Mädels vor, wie sie jetzt nach ihrem Examen endlich mit dir zusammenziehen und die Familienplanung angehen kann. Und sie hat schon sehr genaue Vorstellungen von eurer zukünftigen Küche."

Ich erstarrte in einer Art Ganzkörperkrampf. Ja, war ich denn völlig paralysiert gewesen? Wie war es meiner Auserwählten gelungen, mich so einzulullen? Oder war ich es selbst gewesen? Ich muss dazu erklären, dass wir nach dem Martyrium unserer Hochzeit ein Jahr lang eine Wochenendehe geführt hatten. Sprich: 250 Kilometer Schonfrist. Ja! So eine Pendelbeziehung hat echt Vorteile: Man geht sich nicht auf den Geist, kann als Mann abends endlos diese „Ruckzuck ist die Lippe dick"-Filme gucken, schmachtet sich in nächtlichen Endlostelefonaten an – und fällt am Wochenende sexuell ausgehungert übereinander her. Jedes Mal, wenn man sich sieht, ist das wie ein ausgelassener Kurzurlaub. Geballte Existenz. Man kann sich ganz auf den anderen konzentrieren, weil man weiß: Morgen ist der wieder weg – und ich hab' meine Ruhe. Und vor allem: Jeder ist für seinen Kram selbst verantwortlich. Dieser paradiesische Zustand sollte jetzt vorüber sein. Mein Hals wurde ganz trocken – und ich röchelte: „Ich dachte, sie zieht dann zu mir in die Zwei-Zimmer-Wohnung."

Peter sah mich an, als hätte ich mich gerade als Transvestit geoutet. Was ihm übrigens gefallen hätte. Er ist auf Geschlechtsumwandlungen spezialisiert. Sein neuester Wahlspruch lautet: „Hat der Mann ein scharfes Messer, fühlt er sich als Frau gleich besser." Jetzt aber prustete er mir unzählige Chipskrümel ins Ohr. Halbverdaut. Vor Lachen.

„Wie bitte? Miriam? Zwei Zimmer? Nichts da. Sie will bauen, hat sie gesagt. Oder zumindest ein Haus kaufen. Sie will sich einen Job suchen. Sesshaft werden. Ihre glitschigen Tentakel um dich schlingen …"

Das hat Peter so wohl nicht mehr gesagt. Aber in meinen brizzelnden Gehirngängen wurde seine Stimme zu einem bedrohlichen Orakel. Und mir wurde auf einmal klar, warum man in Hessen kolportiert: „Die Flitterwochen sind vorüber, wenn der Mann nicht mehr beim Geschirrspülen hilft, sondern es allein macht." Ah!

Während Peter weiter auf mich einbrabbelte, tauchte vor meinem inneren Auge eine ganze Armee von barbarischen Fragen auf, furchterregende Krieger mit verheerenden Waffen:

Wo werden wir wohnen?

Wie werden wir wohnen?

Warum werden wir wohnen?

Wann will sie umziehen?

Wo sollen all ihre Schminksachen hin?

Wer bringt den Müll raus?

Was wird aus meiner geliebten Snoopy-Bett-wäsche?

Wie sag ich ihr das mit meiner Hausstaub-Allergie? (Die beim Putzen ausbricht)

Wozu wollte sie noch mal Kinder?

Wer wringt die Öko-Windeln aus?

Wer rührt nachts um zwei den Brei an?

Wer kümmert sich um die versifften Rück-sitze der Autos? (Obwohl: Die Brut konnte ja einfach nur bei ihr rumsauen.)

Wie komme ich damit zurecht, wenn sie nach der Geburt 70 Kilo mehr wiegt?

Welche Freunde habe ich noch, wenn meine Auserwählte zum Muttertier muttertiert?

Wann ist Richtfest?

Was wird aus meiner Karriere?

Wohin fahren wir demnächst in den Urlaub? (Nix mehr mit Malediven und Uruguay, nur noch Bayerischer Wald und Center Park. All exclusive!)

Wann zieht ihre Mutter bei uns ein?

In diesem Moment, umgeben von unzähligen „Monstern der Nacht", sah ich meine Freiheit davonfliegen. Im Universum verdampfen. Und als ich meinen Blick hilfesuchend gen Himmel schicken wollte, fiel er auf meine Auserwählte, die von ihren Freundinnen am Getränketisch wie von Bodyguards umgeben war (oder heißt das dann „Bodygardinen"?). Vor allem: Mir schien es, als redeten alle Frauen gleichzeitig. Aber das machte ihnen offensichtlich überhaupt nichts aus. Ich glaube, es ging ihnen nur um die Gesamtlautstärke. Sie kicherten, glucksten, strahlten, juchzten und schleuderten sinnfrei ihre Arme vor Begeisterung durch die Luft. Hexentanz auf dem Blocksberg. Das war Walpurgisnacht pur. Ja, sie spürten wahrscheinlich, dass sie gerade dabei waren, das Leben eines begabten jungen Mannes zu kontaminieren. Mit weiblicher Nestbaugier. Denn mir war klar: Die da sprachen über meine Zukunft.

Miriam bemerkte meinen glasigen Blick und lächelte mir fröhlich zu. Was bei ihren geschwärzten Schneidezähnen ziemlich widerlich aussah. Es war wie eine derbe Botschaft: „Sag zum Abschied leise Servus …" Servus, Jugend! Servus, Gelassenheit! Servus, Ausschlafen! Lach noch ein letztes Mal! Dann ist es vorbei.

Peter fing mich auf, als ich in mich zusammensackte. Zwei Vampire halfen ihm, mich auf den Balkon zu bringen.

„Es ist nichts", sagte er, „nur die schlechte Luft da drin. Das wird gleich wieder."

Oh nein, das würde nicht mehr. Ich war getroffen. Weidwund. Ich trat soeben in ein neues Universum meines Daseins ein. Jetzt war es so weit. Jetzt musste ich beweisen, dass ich ein ganzer Mann war. Der Ernst des Lebens hatte an die Tür geklopft. Und er hatte nicht gewartet, ob ich „Herein" sagte. Er war einfach eingetreten.

Nun, meine Auserwählte hatte mich stürzen sehen – und kam mit besorgtem Blick zu mir. Oder war da Schadenfreude in ihren Augen? Scheinheiligkeit? Nein. Natürlich sorgte sie sich um mich. Aber nicht um meine Seele. Um meine Arbeitskraft. Um meine Einsatzfähigkeit. Um mein Gehalt. Ich war der Sklave, der ihre Luftschlösser bauen sollte.

Sanft sagte sie: „Bald wird alles anders. Dann werden wir jeden Tag zusammen sein." Es klang erschreckend. Fast bedrohlich.

Während ich in an ihrer Brust wieder zu Kräften kam, hörte ich, wie Peter den Vampiren feixend erzählte, welche Dinge er im letzten Monat irgendwelchen Männern aus den Harnröhren entfernt hatte: „Mensch, was sich die Leute da in autoerotischer Absicht einführen, ist echt der Hammer: Angelschnüre. Stricknadeln. Silberkettchen. Und letzte Woche hatte ich einen, der wollte seine Frau überraschen und hat sich eine Rose reingesteckt. War aber zu blöd, vorher die Dornen abzumachen."

Ich erzähle Ihnen das so ausführlich, weil ich mich fürchte anzufangen. Unsere Nestbauzeit war zu schrecklich. Ein Armageddon. Heute haben wir zwar Haus, Kinder und Lebensversicherung – aber der Preis war hoch. Nein, es gibt kein Zurück. Ich will hier die Wahrheit sagen – und nichts als die reine Wahrheit. So wahr mir Gott helfe. Sie haben es so gewollt. Bitteschön!

„Manche Ehe ist ein Todesur-
teil, das über Jahre vollstreckt
wird."

August Strindberg

Nestbau

Mark Twain hat einmal geschrieben: „Um
mit einer Frau glücklich zu sein, muss man sehr
viel Liebe zu ihr haben – und gar nicht erst ver-
suchen, sie zu verstehen." Recht hat er. Aber wir
Männer können es nun mal nicht lassen. Wir
wollen unbedingt herausfinden, ob dieses femi-
nine Etwas an unserer Seite nicht doch irgendeine
Logik hat. Irgendeine Verbindung von Ursache
und Wirkung. Praxis und Ästhetik. Auslöser und
Heulkrampf. Vergeblich. Es weint. Es schreit. Es
kauft. Und keiner versteht warum.

Niemals im Leben eines Mannes tritt dieses
Mysterium deutlicher zutage als in den Jahren,
in denen der Nestbautrieb die Macht über seine
Partnerin übernommen hat. Wie von einer außerirdischen Intelligenz gesteuert, nein, sagen
wir besser von einer außerirdischen Ignoranz,
schaltet und waltet das Weib und surrt androiden-

haft durch die Zimmer. Und dabei macht es immer genau das, was der Mann für überflüssig hält – für affig, widersinnig, hässlich und vor allem für völlig verfrüht: „Du bist noch nicht mal schwanger, warum müssen wir alles mit Bärchen-Tapete vollkleistern?"

Und genau dann zeigt sich der bestialischste Zug des Nestbautriebes: die völlige Abwesenheit von Humor. Wagen Sie es als Mann niemals, einen Scherz über das hormongesteuerte Verhalten Ihrer Frau zu machen. Sonst erleben Sie sofort, warum das Wort „Lebensgefährtin" von „Lebensgefahr" abgeleitet ist. Apropos Etymologie: „Nest" stammt aus dem Indogermanischen („nizdos") und bedeutet quasi „Niedersetzung". „Ni" heißt „nieder", und „dos" meint „an einem Ort sitzen". Dieses sinnlose Wissen bringt Sie zwar nicht weiter, es lenkt Sie aber immerhin einen Augenblick von all dem Horror ab, den der dazugehörige Bautrieb so mit sich bringt – von den erbarmungslosen Kollateralschäden. Nebenbei: Das Wort „Trieb" kommt aus dem Mittelhochdeutschen und beschreibt bis heute das „Treiben des Viehs". Dreimal dürfen Sie raten, wer dabei der Ochse ist. Und wohin er getrieben wird, ist auch klar: in den Wahnsinn.

Für uns Männer wäre das nur halb so schlimm, wenn es nicht so teuer wäre. Samuel Butler sagt:

„Straßenräuber wollen Geld oder Leben. Frauen wollen beides." Und wenn Sie Ihre Liebste fragen: „Schatz, brauchen wir wirklich ein volldigitales, Breitemperatur messendes, recyclebares und fair aus Biodinkelfasern hergestelltes Essnäpfchen für 246 Euro?" dann hören Sie nur ein frostiges Wort: „Rabenvater!" Also: Falls Sie das Ganze als Mann demnächst vor sich haben, merken Sie sich den Spruch: „Was Sie auch machen, Sie machen es falsch." Sie haben keine Chance. Aussichtslos. Sie sind für die nächsten zehn Jahre der Depp vom Dienst. Kein Wunder, dass ein georgisches Sprichwort verkündet: „Wenn Frauen gut wären, hätte der liebe Gott auch geheiratet."

Nun könnte es natürlich so aussehen, als wäre dies Buch irgendwie einseitig. Also in Bezug auf das weibliche Geschlecht. Dem ist mitnichten so. (Meine rot angelaufenen Damen! Bitte atmen Sie ganz entspannt wieder aus!) Es gibt noch eine Steigerung von „Frau mit Nestbautrieb", das eigentliche Inferno, nämlich „Mann mit Nestbautrieb". Eine genetische Anomalie, die sich aber aufgrund von zunehmenden Schäden im Erbgut immer weiter ausbreitet. Peter Ratgeber ist so einer. Ein Mann (oder sagen wir besser Mensch … obwohl, das trifft es auch nicht), der in Symbiose mit seinem Staubsauger lebt. Sie können sich also darauf verlassen, dass hier ganz neutral berichtet wird. Und jetzt geht es los.

Wohnort

Ratgebers, unsere Freunde, sind kompromisslos pragmatisch. Die gehen in einen Laden und sagen: „Hey, das Teil da ist potthässlich, aber runtergesetzt. Das nehmen wir." Peter meint übrigens, das sei für ihn bei Anke auch so gewesen. Damals im Internet. Liebe auf den ersten Klick. Noch bevor die beiden sich zum ersten Mal begegneten, beschlossen sie, zusammenzuleben. Ja, das war billiger. Und dann wurde gerade die Wohnung von Peters Oma frei. Um genau zu sein: Das Haus lag gegenüber vom Friedhof – und sie zog auf die andere Seite.

Man muss gestehen: In diesen „Vier Zimmer, Küche, Saustall" fühlten sich Ratgebers als Studenten richtig wohl. Wirklich! Die Gegend war zwar ein asozialer Brennpunkt, der Gestank der naheliegenden Giftmülldeponie unerträglich und die Temperatur im obersten Stock im Sommer nah an der Weißglut – aber weil die beiden gnadenlose Optimisten sind, freuten sie sich, dass es wenigstens nicht reinregnete. Die Schindeln hielten. Ankes Lieblingssatz wurde in dieser Zeit: „Lieber den Spatz auf der Taube als das Dach in der Hand."

UND WAS DENKST DU, WO UNSERE GABI MIT IHREM SÜSSEN LOTTOGEWINNER NACH DER HOCHZEIT HINZIEHEN SOLLTE?

AN DIE NORDSEE!

THEES

Wir wollten das ganz anders machen. Also bei der Wahl unseres Wohnortes. Klug. Gewitzt. Kreativ. Darum schrieben wir erst einmal sorgfältig unsere bescheidenen Ansprüche an das gemeinsame Paradies auf. Voilà! Unser Wohnort sollte großstadtnah sein, aber voll im Grünen. Verkehrstechnisch optimal angebunden und dabei ganz ruhig. Mit herzlicher Nähe zu den Nachbarn, aber ohne jede soziale Kontrolle. Direkt neben unseren Arbeitsplätzen und mit einem tollen Abenteuerspielplatz (mit Schallschutzmauern). In klimatisch wohltemperierter Lage und dennoch mit der Möglichkeit zu kleinen Skiausflügen. Mit einer Auswahl exquisiter Boutiquen und einem Bioladen. Kurz: eine Art mondäner Luftkurort mitten in der Metropole. Ach ja! Und wenn möglich an einem großen Gewässer mit Bademöglichkeit.

Jetzt stellen Sie sich vor: Als ich all diese Kriterien bei www.traumort.komm eingegeben hatte, fand sich tatsächlich … ein Platz. Ein einziger Wohnort auf der ganzen Welt. Ja, er liegt in der Nähe von San Diego in Kalifornien. Wunderschön. Ist allerdings Erdbebengebiet. Und voller Schweinegrippe. Daran hatten wir nicht gedacht. Blöd.

Meine Auserwählte sank schniefend in meinen Arm: „Die Welt ist gegen uns. Wo sollen wir denn jetzt hin?" Sie klang wie eine vertriebene Sudetendeutsche.

Dummerweise rief kurz darauf auch noch meine Schwiegermutter an und verkündete herrisch, ihr „Zuckerstückchen" dürfe auf keinen Fall mehr als eine Stunde von ihr entfernt wohnen. Was den Radius arg einschränkte. Wir wurden immer unsicherer. Blieb uns am Ende nur Offenbach? Die Bronx von Hessen? Oder sollten wir vielleicht doch lieber auswandern? Etwas ganz anderes machen: Gnu-Züchter in Südafrika? Tellerwäscher in New York? Surflehrer in Arosa? Es war zermürbend.

Aber nein, wir wollten in Deutschland bleiben. Also machten wir von unserer Traumliste immer mehr Abstriche. Und jeder war wie eine Amputation. Mit anschließenden Phantomschmerzen: „Wie schön wäre es gewesen …" Am

Ende blieben nur zwei Merkmale übrig. Für die aber waren wir bereit, bis aufs Blut zu kämpfen. Gegeneinander! Denn Miriam wollte aufs Dorf. Ich in die Großstadt. Dummerweise fiel meiner Auserwählten just da ein, dass sie mit ihrer Ausbildung überhaupt nur in Nordhessen bewerbungsfähig war. Und dort gibt es ausschließlich Käffer. Mist. Ich dagegen (wie hatte ich das vergessen können), musste beruflich in Südhessen bleiben. Das liegt am komischen Theologiestudium. Ein echtes Dilemma.

Also spielten wir „Papier, Stein, Schere", in Akademikerkreisen „Schnick, Schnack, Schnuck" genannt. Der Sieger durfte den Ort wählen. Wohlan: Wer dreimal gewinnt. Los! Erst einmal zockte sie meinen Stein mit ihrem Papier ab. Uah. Und dann hatte sie auf einmal … „Brunnen". „Was ist denn das für ein Mist?" schimpfte ich. „Seit wann gibt es ‚Brunnen'?"

Sie zog die Mundwinkel nach unten: „In Nordhessen ist das erlaubt. Verstanden?"

In Ordnung! Ich gewann trotzdem. Mit … „Bulldozzer". Der zerreißt das Papier, zermalmt den Stein, vernichtet die Schere und ebnet den Brunnen ein. Bitteschön. Gibt's halt nur in Südhessen.

Immobilie

Eine gemeine, heimtückische Frage hängt wie ein Damoklesschwert über allen Paaren: mieten, kaufen oder bauen? Gut, man spürt natürlich sofort: Letztlich ist das eine Wahl zwischen Lepra, Pest und Cholera – aber entscheiden muss man sich ja, wenn man nicht Camper oder Nomade werden will. Und Publikumsjoker ist nicht. Leider.

Dafür gibt es etwas anderes, nämlich all die Schauergeschichten, die einem die so genannten Freunde aufdrängen: von widerwärtigen Prozessen sadistischer Vermieter, die lieber 100.000 Euro Gerichtskosten zahlen, als die Heizung reparieren zu lassen; von Immobilien, unter denen sich nach dem Kauf gefährliche Wasseradern und Erdstrahlen fanden – oder historische Opferstätten keltischer Satanisten. Oder in denen die Lebensenergie Qi im Gästeklo festsaß, weil der Erbauer 1920 noch nicht mal ahnte, was Feng Shui ist. Und man begegnet überall dem Zähneklappern von pleitegegangen Bauträgern, die ihre Opfer mit fiesen, verkorksten Rohbauten stehen lassen. Grausige Betonklumpen, die dann von Weitem wie riesige Totenköpfe aussehen. Katastrophe.

Also wälzt man sich nächtelang schlaflos und schwitzend im Bett umher. („Mieten, kaufen, bauen? Mieten, kaufen, bauen?") Eine endlose Litanei, bis einem plötzlich klar wird: „Hey, Kaufen und Bauen können wir uns eh nicht leisten. Wozu all die Aufregung?" Und genau dann, wenn man sich gerade mit einem tiefen Seufzer vom Eigenheim verabschiedet hat, rufen die Schwiegereltern an: „Wir haben da noch ein bisschen was Erspartes aus der Erbschaft von Onkel Fritz. Das geben wir euch gerne … Wenn ihr zwei Zimmer mit einplant, in denen ihr uns später pflegen könnt." Wie großzügig. So war das jedenfalls bei Ratgebers.

Meiner Auserwählten und mir blieben aber Zweifel. Einerseits hatten wir keine Lust, irgendwelchen elitären Frankfurter Hausbesitzern endlos Miete in den Rachen zu stopfen – andererseits will so eine lebenslängliche Finanzierung ja gut überlegt sein. Was ist, wenn man arbeitsunfähig wird, beruflich in die Arktis ziehen muss oder die zukünftigen Kinder beim Spielen ein Einkaufszentrum in Brand stecken? (Wäre sicher ein lustiger Anruf der Versicherung: „Wie hoch war gleich der Schaden?")

Was sollten wir tun? Miriam schluchzte nur noch. Sie sah uns schon unter Brücken nächtigen. Da erwachte in mir der Jäger, und ich beschloss: „Wir gehen jetzt einfach mal auf Immobilienpirsch." Gesagt, getan. Wochenlang wälzten wir Seiten mit Anzeigen von „Traumhaus in Bestlage" – die sich beim Besichtigen alle als „Ruine an Autobahn" entpuppten. Ja, entweder waren die „Wohnträume" totale Bruchbuden – oder schlichtweg unbezahlbar. Ein einziges Mal fanden wir wirklich ein „Paradies", und bei meiner Auserwählten glitzerte schon die Glückseligkeit in den Augen – bis sich herausstellte, dass in der Anzeige die Million vor dem Komma fehlte. Nun: Natürlich gab es auch Schnäppchen. In Mecklenburg-Vorpommern zum Beispiel. Ja. Weit hinter Wetzlar auch. Oder in Offenbach downtown. Aber nicht da, wo wir wohnen wollten. Unter Menschen. Irgendwann stellten wir frustriert fest: Wir sehnten uns nach fünf Zimmern, konnten uns aber nur zweieinhalb leisten. Und die meisten der „An-Wesen", also der … „Makler", hätten auch zum Partymotto „Monster der Nacht" gepasst.

Als meine Auserwählte schon überlegte, ob sie nicht einen Zweitstudiengang anfangen sollte, um die Entscheidung fünf Jahre zu verschieben, klingelte eines Abends unser Telefon: Eine Großtante väterlicherseits hatte das Angebot bekommen, das denkmalgeschützte Reihenhäuschen, in dem sie seit rund 54 Jahren zur Miete wohnte, zu einem Vorzugspreis zu übernehmen. „Spottpreis" wäre das bessere Wort. „Schön", sagte ich, „für dich!" „Quatsch", schimpfte sie, „ich will ins Altersheim. Ich kaufe das Ding mit eurem Geld und schenke es euch dann. Wie wär's? Ihr habt Zeit bis 12 Uhr."

Ich kaufte das Haus, ohne dass Miriam es gesehen hatte. Das nenne ich Mut.

DER BAUHERR - ZUM ERSTEN MAL ZUFRIEDEN

Hausbau

Als Peter unser neu erworbenes Eigenheim sah, brach er einfach nur in Lachen aus. Er gluckste. Ächzte. Brüllte. Und sagte dann prustend: „Abreißen und neu bauen wäre die billigste Variante. Hey: Das könnt ihr sogar selbst machen, bei ‚Rent a Abrissbirne‘."

Ich schluckte und hob stolz das Kinn: „Moment mal! Das Teil ist denkmalgeschützt. In diesem Haus stand die erste Einbauküche der Welt. Wirklich!"

Da übergab sich Peter fast vor Heiterkeit: „Tja, schön für die glückliche Hausfrau, blöd für euch. Aber ihr könnt das Gebäude ja identisch wieder aufbauen. In Disneyland geht das auch. Mal im Ernst: Die Rohre sind aus Blei, die Kabel zweiadrig, die Fenster des-isoliert – und die Überbrückung der Sicherungen mit Büroklammern barbarisch. Außerdem ziehen hier alle fünf Jahreszeiten ungedämmt ein und aus. Dafür kriegt ihr höchstens in Liechtenstein einen Energiepass."

Also mussten wir blöderweise fast ein neues Haus bauen. Obwohl wir schon eines hatten. Eine „Haus-in-Haus-Lösung".

Nun: Der erste Kostenvoranschlag kam von einem Handwerker aus der Slowakei, Frantischek, der mich gleich zur Seite nahm und raunte: „Brauchst du Rechnung? Nä? Oder?" Einen kurzen Moment glaubte ich, er wolle uns den Umbau schenken. Vielleicht, weil wir die tausendsten Kunden waren – oder so. Aber nein! Er wollte einfach nur schwarz arbeiten. Ich war empört. Bis ich ausrechnete, wie viel 19 Prozent Mehrwertsteuer sind: „Oh, mein Gott!" Ja, aber trotzdem nicht in Ordnung. Allerdings: Meine aufflammenden Vorurteile gegenüber Gastarbeitern aus dem Nahen Osten stürzten dröhnend in sich zusammen, als auch der Geschäftsführer von „Schlotter. Trockenbau" mir zuzwinkerte und dabei hesselte: „Isch brauch kaa Reschnung. Was is mid Ihne?"

Ich sag es ganz ehrlich: Für einen winzigen Moment waren wir kurz davor, auf die schiefe Bahn zu geraten, eine kriminelle Karriere zu beginnen und die Allgemeinheit – also auch Sie – um Tausende von Euro zu betrügen. Ich meine: Das ist ja mehr, als bei manchen Banküberfällen rausspringt. Bis Peter uns klar machte: „Ohne Rechnung keine Garantie. Mit Rechnung zwar auch nicht, weil die Jungs eh andauernd Konkurs anmelden. Aber immerhin." Also loggten wir „Mit Rechnung" ein. Und erzählten später überall, dass uns unser soziales Gewissen dazu getrieben hätte, unsere reine Seele. Die Verantwortung. Die Ethik. Der Glaube. Aber unter uns: Es war die Garantie.

Dann ging es los. Das Abenteuer. Anfangs sah der Kostenvoranschlag nämlich ganz human aus. Bis klar wurde, dass dabei jeweils nur die absolut schrottigsten Materialien eingerechnet worden waren. Irgendwie: Türen aus Pappmaschee, Wasserhähne aus Vietnam und Second-hand-Kacheln aus einem stillgelegten Krematorium. Wie dem auch sei: Als meine Auserwählte anfing, sich bei jedem Posten die teuerste Alternative auszusuchen (Türen aus baskischem Tropenholz, goldene Wasserhähne usw.), da explodierten die Kosten plötzlich. Ich auch! „Wenn du mich liebst, beherrsche dich!" Worauf sie nur erwiderte: „Wenn du mich liebst, lass dich beherrschen." Frauen. Mist!

Doch dann begann die eigentliche Odyssee: Die Wanderung durch die Fliesenhäuser. Ein Alptraum. Ich glaube, wir waren in 34 verschiedenen Kachelstudios. Dagegen ist Kleiderkaufen ein Vergnügungspark. Vor allem: Wer hätte jemals geahnt, dass es so viele Kacheln gibt? Legion. Ich weiß nur eines: Sollte ich jemals jemanden verfluchen müssen, dann werde ich rufen „Kacheln sollst du kaufen. Ein Leben lang." Der

Arme. Er tut mir jetzt schon leid. Nun: Ab der zwölften Ausstellung sah ohnehin alles gleich aus. Jedenfalls für mich. Nur meine Auserwählte war sicher, sie würde sie finden: die „Fliese aller Fliesen", den „King of Kachel". Und weil ich es leid war, juchzte ich nun immer auf, wenn ich eine Fliese sah, von der ich sicher war, sie würde ihr gefallen. Bis sie mir zehn Tortouren später gestand, dass sie andauernd „Nein" sagte, weil sie sicher war, ich würde die Dinger nur ihr zuliebe aussuchen. Irgendwann schrie ich: „Kauf sie mit deiner Mutter!" Ich Idiot. Doch, siehe da, ein Wunder: Die Fliesen waren … schön.

Umzug

Die ausländischen Handwerker hatten heilige Eide geschworen, sie wären Ende Juli fertig: „Bei allen Gottern und bei meine geliebte Mutti. Im Juli habt ihr Paradies." Nun: Mitte September wurde ich unruhig. Da war nämlich gerade das erste Drittel der Arbeiten erledigt – und wir hatten die alten Wohnungen zum 31. September gekündigt.

Die Facharbeiter blieben gelassen. Vielleicht wollten sie auch einfach in den kurzen Phasen zwischen erster, zweiter und dritter Frühstückspause nicht gestört werden. Egal. „Du musst was tun!", schrie meine Auserwählte mich täglich heftiger an. Aber was hätte ich tun sollen? Der Besitzer der Baufirma war irgendwie auf den Hybriden im Urlaub, und sein Vorarbeiter, Boroslav, sagte immer nur: „Keine Problem!". Das sagte er allerdings auch, als ich einmal lächelnd fragte: „Möchtest du gerne mit dem Kopf zuerst in ein Klärwerk getaucht werden?" – „Keine Problem!"

Und dann waren wir plötzlich obdachlos. Standen auf der Straße. Beziehungsweise: Wir mussten für zwei Wochen bei Ratgebers einziehen. Was sich eindeutig als schlechtere Alternative erwies. Denn wir wurden quasi Teil einer ungewollten soziologischen Studie. Ja. Nie war mir klar gewesen, wie sehr sich jedes Paar ein separates Biotop schafft, sozusagen eine Parallelwelt mit eigenen Ritualen, Regeln und Phobien. Ich glaube, wir hätten uns kulturell leichter im Mesopotamien des Paläolithikums assimilieren können als bei Ratgebers. Die keiften sich zum Beispiel zuhause derart grob an, dass uns angst und bange wurde – schienen das aber jede Nacht mit Fortissimo-Sex wieder auszugleichen. Obwohl: Vielleicht stöhnten sie nur so, um uns zu beeindrucken. Oder betrieben innovative urologische Feldforschung. Ich weiß es nicht.

Getreu dem Motto „Du kommst als Freund und gehst als Gast", erlebten wir, dass ein abendlicher Besuch etwas völlig anderes ist, als der Versuch, wochenlang miteinander in einer Wohnung zu leben. Tja, es waren diese winzigen Details, die uns so verunsicherten: Ratgebers gingen immer zusammen aufs Klo und pupsten dabei so laut, dass die Nachbarn mit dem Besen von unten gegen die Decke klopften. Das Nutella-Glas musste morgens partout links von der Butter stehen. Sonst war für Anke der Tag gelaufen. Und wenn jemand es wagte, Peter während der

„Tagesschau" eine Frage zu stellen oder seine Sammlung historischer Skalpelle zu berühren, war der zutiefst beleidigt. Persönlich gekränkt. Wirklich. Wie man so schmollen kann!

Als Boroslav anrief und uns mit den Worten „Keine Problem" mitteilte, dass das Haus fertig war, rettete er nicht nur unseren Seelenfrieden, sondern auch unsere Freundschaft mit Ratgebers. Die es längst bereuten, uns aufgenommen zu haben. Aber nicht brutal genug waren, uns rauszuschmeißen. Nun: Endlich konnten wir umziehen. Und Ratgebers drängten sich auf, beim Umzug zu helfen. Klar, die wollten uns loswerden.

Wissen Sie: Ich dachte immer, Ärzte (auch Urologen) müssten dreidimensional denken können. Aber schleppen Sie mal mit Peter Ratgeber eine Couch eine Treppe hoch. Da könnten Sie dreimal brüllen: „Das geht nur längs! Lähängs!" Batsch. Die erste Macke im frischrenovierten Treppenhaus. Die erste von vielen. Und selbst wenn Sie mit riesigen, was sage ich, elefantösen Buchstaben „Bad" auf eine Kiste schreiben, „B – A – D", können Sie sicher sein: Anke schleppt sie ins Arbeitszimmer. Das wurde für mich zu einem der letzten Mysterien der Welt. Warum machte sie das?

Andererseits: Ich verstand zum ersten Mal, warum der griechische Name des Teufels, „Diabolos", Durcheinanderbringer bedeutet. Weil das Böse nirgends so verheerend wirken kann wie bei Umzügen. Da liegt Ihr Leben auf einmal verpackt vor Ihnen – und Sie finden nichts mehr. Und wenn Sie 14 mögliche Kisten haben, in denen das Gesuchte sein könnte, sorgt der Diabolos immer dafür, dass es in der letzten, der 14. Kiste ist. Egal, mit welcher sie anfangen. Vielleicht steht darum in jedem Keller eine magisch-mythische Kiste, die nie ausgepackt wird. Da steckt der Teufel drin. Bestimmt.

Einrichtung

Am zweiten Tag n. U. (nach Umzug) hatte meine Auserwählte den ersten Nervenzusammenbruch. Wahrscheinlich sogar einen „Nervenverlust"? Denn ich bezweifle bis heute, dass die Dinger jemals wiedergekehrt sind. Nun: Schuld war jedenfalls die Einrichtung. Also die Verteilung der Möbel. Hallo? Ja, das ist die Herausforderung pur. Natürlich hatten wir vor dem Umzug mit handausgeschnittenen Bonsai-Möbeln auf dem Grundriss unseres zukünftigen Zuhauses rund 1,4 Millionen Aufstellmöglichkeiten durchgespielt. Na und? Das hart umkämpfte Ergebnis sah in der Realität total widerlich aus. Wie bei meinen Eltern. Und das wollten weder Miriam noch ich. Also: noch einmal von vorne.

SCHNELL, SCHATZ! DER INNENARCHITEKT KOMMT! TAUSCH DAS BILD ZURÜCK!

THEES

Als ich Ewigkeiten später beim Schränkehin- und herrücken die ersten Blasen aufstach und murmelte „Da, wo die Anrichte vor sechs Stunden stand, war sie doch nicht schlecht. Könnte es sein, dass du etwas überreizt bist?", fing sie an, mich wüst zu beschimpfen. Und mir all das vorzuhalten, was ich im vergangenen Jahr falsch gemacht hatte. Ich begriff nicht, was das mit dem Thema zu tun hatte, kenne aber die weibliche Taktik „Attacke statt Argument".

Doch dann hatte sie ihrer Meinung nach die absolute Lösung: Die Zimmer waren einfach falsch verteilt. Sie strahlte: „Wenn wir die Küche ins Wohnzimmer, das Bad ins Esszimmer und das Schlafzimmer ins Bad verlegen, ist dieses Haus perfekt." Da fing ich an zu weinen. Hemmungslos. Warum kosten Schnapsideen von Frauen immer 40.000 Euro? Doch meine Einwände prallten gegen emotionalen Beton. Darth-Vader-mäßig raunzte sie: „Wer muss in diesen Räumen seine ganze Zeit verbringen – während du es dir auf der Arbeit gut gehen lässt? Na, wer?" Sie riss den Dragoner-Säbel meines Großvaters von der Wand und aus der Scheide und hielt ihn mir wie ein Laserschwert an die Kehle. Und der Gefrierbrand in ihren Augen sagte mir: Sie würde zustoßen.

Leise zischte ich: „Ist es dir denn völlig egal, ob es mir in unserem Haus gefällt?" Nun, ich habe ihr diese existenzielle Frage in den nächsten Wochen noch rund ein Dutzend Mal gestellt. Und nie eine Antwort erhalten. Ich fürchte, ich weiß warum. Sie lautet schlicht: „Es ist mir scheißegal, was dir gefällt. Hauptsache, ich fühl mich wohl." Peter, den ich im Rahmen einer repräsentativen Umfrage dazu interviewt habe, hat meinen Eindruck übrigens voll bestätigt. Auch er musste erleben, dass Anke seine Einrichtungswünsche einfach ignorierte, totschwieg, erbarmungslos eliminierte. Immer wenn er sagte „Hey, mir würde es gefallen …" brach ihr Tinnitus mit einer solchen Macht hervor, dass er seine Sehnsüchte genauso gut dem Badezimmerschrank hätte erzählen können. Was er vor Verzweiflung auch tat.

Doch es kam noch schlimmer. Nicht nur, dass meiner Auserwählten meine ästhetischen Vorlieben völlig gleichgültig waren, weil sie ohnehin fand, dass ich (außer bei Frauen, nein, außer bei ihr) nahezu geschmacklos sei. Nein, sie bestand auch darauf, ein versifftes, potthässliches Buffet ins Esszimmer zu stellen. So ein grottiges Schwarzwurzel-Monstrum, in dessen Gegenwart man sich sofort 60 Jahre älter fühlt. „Das gehörte meiner Urgroßmutter", sagte sie stolz. „Ja", erwiderte ich, „und es riecht, als läge sie noch drin."

„Ach, komm schon!" Ich merkte gleich, sie wollte sich einschleimen: „Wenn du es nur lang genug siehst, wirst du dich schon dran gewöhnen und es schön finden."

Frustriert antwortete ich: „Ach, so wie bei dir." Das war ein Fehler. Ich weiß. Aber ich war ja schon ziemlich malträtiert. Und um es wieder gut zu machen, fügte ich hinzu: „Nein, ich wollte sagen: Dieses Buffet ist wie du. Breit … massig … betagt. Nein, …" Ich konnte nur noch verlieren. Aber ich wollte ja ohnehin ausprobieren, wie man auf dem neuen Sofa schläft.

Am nächsten Tag kam Anke vorbei. Zufällig. Sah das Ungetüm und schrie ekstatisch: „Ist das wundervoll! Was für ein Schmuckstück! Fabian, das war doch bestimmt deine Idee, diese Rarität hierhin zu stellen. Peter hätte nie so viel Schöngeist. Aber du, du bist ein Lebenskünstler mit Kultur und Stil." Verflucht. Ich steckte in der Zwickmühle. Natürlich habe ich Stil. Trotzdem bin ich bis heute davon überzeugt, dass meine Auserwählte Anke vorher einen ziemlich großen Schein zugesteckt hat.

Auslieferung

Die Frau von „Hip Logistik" rief morgens um
6.50 Uhr an. Ob sie denn heute die Steine für
unsere Einfahrt liefern könnten. Völlig verschla-
fen nuschelte ich: „Wann ungefähr?" Sie klang
genervt: „Es wäre gut, wenn zwischen 8 und 23
Uhr jemand zu Hause wäre." Na toll! Ich konnte
mir doch nicht den ganzen Tag freinehmen, nur
um auf diese blöden Steine zu warten. Und meine Auserwählte war bei ihren Eltern. Die musste
sich erholen. Von dem ganzen Stress. Sie hatte
schon Hausausschlag.

Vorsichtig fragte ich die Telefontante: „Könnten
Sie das Zeitfenster vielleicht etwas präziser defi-
nieren?". Da wurde die richtig sauer: „Nein! Unser
Fahrer hat heute 74 Auslieferungen. Der fährt so,
wie es ihm passt. Ist das klar? Und wenn Sie weiter
so rumzicken, bekommen Sie ihren Scheiß erst
nächstes Jahr." Das hat sie nicht genau so gesagt.
Aber es klang so. Sie war sicher gerade als „Kaker-
lake des Monats" ausgezeichnet worden.

Also rief ich Anke und Peter an. Aber die
konnten auch nicht. Anke hatte einen ultrawich-
tigen Friseurtermin. (Ich verkniff mir die Bemer-

kung „Bringt doch eh nichts!") Und Peter war wieder mal auf einem Urologenkongress – diesmal über „Vasektomie", das Durchtrennen von Samenleitern. Stimmt. Er hatte davon erzählt. Mit den Worten: „Schnipp-Schnapp. Noch drei Schuss und Schluss." Ich schüttelte mich. Tatsache ist: Es war wie verhext. Keiner von den 400 Freunden, die ich anrief, hatte Zeit. Alle sagten voller Mitgefühl: „Ihr wisst doch: Wir sind immer für euch da. Nur heute nicht."

Als ich gerade verzweifelt zusammenbrechen wollte, klingelte es an der Tür. Hip Logistik. Um 7.45 Uhr: „Wohin soll der Kram?" „Guten Morgen", sagte ich erleichtert, „bringen Sie die Paletten doch bitte in den Hof!" Der Logist (oder wie heißen diese seltsamen Erscheinungen?) starrte auf einen imaginären Punkt hinter mir an der Wand und raunzte: „Geht nicht. Einfahrt zu schmal." Na klasse. „Und was machen wir da?" Das Etwas vor mir zog Nase und Schultern gleichzeitig hoch: „Bürgersteig! Ist zwar verboten. Aber egal. Sie tragen die Steine dann hinter." Ich? Vier Paletten? Mir tat schlagartig der Rücken weh. Vorher schon. Aber was blieb mir übrig? Also auf den Bürgersteig. Dann fuhr ich erst mal erleichtert zur Arbeit.

Schon an der Kreuzung, an der man in unser Viertel einbiegt, fiel mir der mit Blaulicht heranrasende Wagen des Ordnungsamtes auf. Aber ich war einfach zu müde, um zu kombinieren. Das Blöde ist: Ich weiß nicht wie, aber kaum 20 Minuten später hatten die meine Dienstnummer rausbekommen: „Hallo! Das Zeug muss weg. Es gab eine Anzeige gegen Sie."

„Oh, darf ich fragen, von wem?" „Nein, sie war anonym. Einer Ihrer Nachbarn." Bravo. Da hängt also irgendein Depp in unserer Straße morgens um acht am Fenster und hat nichts Besseres zu tun, als das Ordnungsamt anzurufen. Ich wäre am liebsten gleich wieder ausgezogen. Erst als ich mir vorstellte, wie der Denunziant in der Hölle hinter glühenden Vorhängen hocken muss – und draußen passiert … überhaupt nichts, bis in alle Ewigkeit, da fühlte ich mich besser. Ha. Die Ewigkeit kann ja ziemlich lang sein. Vor allem gegen Ende.

Freundlich sagte ich dem Vandalen vom Ordnungsamt: „Sobald ich nach Hause komme, räume ich die Steine weg. Versprochen." „Nix. Die müssen jetzt weg oder sie werden kostenpflichtig entfernt, also die Steine – und Sie kriegen eine Anzeige." Vorsichtig erwiderte ich: „Aber das Pflaster tut doch keinem was." „Doch", er war ganz in seinem Element, „wenn ein Kind wegen Ihrer Steine auf die Straße läuft und dort von einem zufällig vorbeikommenden Spähpanzer zerquetscht wird, dann sind Sie Schuld. Ihre Paletten bedrohen die öffentliche Ordnung. Die sind wie ein Anschlag. Ich gebe Ihnen eine Stunde. Basta." Verdammt.

Sechs Stunden später wusste ich, warum die Gewerkschaften den Pyramidenbau in Europa verboten haben. Am schrecklichsten war dabei, dass andauernd irgendwelche Nachbarn aus ihren Häusern kamen um zuzuschauen. Voyeuristen. Gaffer. Die wussten übrigens alle, wie man die Steine noch besser tragen könnte. Na danke. Aber keiner packte mit an. Und ich musste andauernd denken: „Einer von euch hat mir das eingebrockt. Vielleicht du, du Ratte? Oder du? Ich krieg dich. Eines Tages." Nur diese Wut verlieh mir die nötigen Kräfte.

Haushalt

Als meine Auserwählte von ihren Eltern zurückkam und in die Küche ging, zuckte sie zusammen, als hätte sie der Blitz getroffen. Erschrocken dachte ich: ein Schlaganfall! Doch dann fing sie an zu sprechen. Mit einer Stimme, die irgendwie nach einer Motorsense mit Aussetzern klang: „Der Kaffeefilter ist verschimmelt!" Ach so. Hatte ich gar nicht gemerkt. Finde ich auch nicht tragisch. Kommt halt ein neuer rein. Ich trink ohnehin lieber Tee.

Doch für Miriam wurde die biodynamische Koffeinkultur zu einer Art Zündschnur. Zu einem Auslöser für gigantische destruktive Kräfte. Und tatsächlich. Kurz darauf ging sie in die Luft: „Alles muss ich in diesem Saustall allein machen. Hörst du? Alles! Spülen, backen, staubsaugen, putzen, schrubben, waschen, bügeln, Müll rausbringen und klöppeln." Mit wutverzerrtem Gesicht fügte sie noch hinzu: „Und dann willst du auch noch andauernd Sex."

„Gut", sagte ich, „vielleicht sollten wir für Letzteres eine Aushilfe einstellen." War ein Witz. Aber sie dachte ernsthaft drüber nach. Hä? Wirklich: Ich habe noch niemals jemanden so wenig lachen sehen wie meine Auserwählte in diesem Moment. Ich persönlich glaube: Sollte es im Universum so etwas wie „Anti-Lachen" geben, dann pulsierte es damals in unserer Küche. Ganz deutlich. Hey, vielleicht bekomme ich dafür irgendwann einen Nobelpreis.

Dabei hatten wir die Aufgaben eigentlich ganz fair verteilt. Ich meine: Kochen musste ich ohnehin. Aus Selbsterhaltungsgründen. Außerdem kümmerte ich mich hingebungsvoll um Versicherungen, Überweisungen und familiäre Buchhaltung und war Stammgast bei der Zulassungsstelle. Doch das galt alles nicht. Für sie war das Kür. Pippifax. Entscheidend war nur eines: die Rituale der Reinigung. Es ging um das dreckige, demütigende Joch der Hausarbeit.

Ich wusste trotzdem nicht, was sie von mir wollte. Ich bin ein moderner Mann. Selbstverständlich übernehme ich meinen Teil der Gebäudeästhetik, wie das heute heißt. Gern sogar. Ich bin keiner dieser miesen Machos, die ihre Frauen im Stich lassen. O nein. Ich bin ein Raumpfleger deluxe. Sprich: Wenn ich für etwas verantwortlich bin, wird es auch erledigt.

Nun, wie soll ich's sagen? Das Problem scheint das Timing zu sein. Ja! Meine Auserwählte und ich, wir haben irgendwie einander widersprechende Vorstellungen davon, wann etwas gemacht werden sollte. Ich meine: Was kann ich dafür, dass sie zu blöd ist, in einen gut gefüllten Mülleimer noch sechs bis acht weitere Objekte zu quetschen? Ich kann das. Mit links. Für mich gibt es deshalb überhaupt keinen Grund, das Ding schon rauszubringen. Im Gegenteil: Aus ökologischen Gründen nutze ich jede Tüte voll aus. Männer haben eben ein anderes Empfinden dafür, wann etwas voll ist. Das gilt ja auch für sie selbst.

Und natürlich für Wäschepuffs, Ecken mit Staub und Stühle mit Kleidern. Männer finden nicht, dass drei Hosen auf einem Stuhl ein „widerlicher Haufen" sind. Sie brauchen so was. Und sie haben auch nichts gegen dekorativ verteilte Strümpfe: „Du legst doch auch überall Muscheln und Glitzersteine hin. Ich steh eben auf Socken."

Es ist also so: Immer wenn ich denke: „Das hat Zeit, viel Zeit", dann ist es für meine Auserwählte schon längst zu spät. Ja, bräuchte Albert Einstein noch irgendeinen Beweis dafür, dass die Zeit relativ ist, könnte er unsere Ehe nehmen. Wirklich. Ich sehe das alles relativ realistisch, meine Auserwählte relativ hysterisch. Außerdem habe ich bei Einstein gelernt: Je schneller man sich bewegt, desto langsamer vergeht die Zeit. Sprich: Wäre meine Frau nicht so hektisch, dann

WIE WÄR'S, WENN DU
DICH ETWAS MEHR AN DER
HAUSARBEIT BETEILIGST?

HIER! HOL DIR
'NE PUTZFRAU!

THEES

wäre ich auch schnell genug für sie. Tja, Physik Eins. Setzen.

Peter schlug mir eine intensive Östrogen-Behandlung vor. In der Hoffnung, dadurch das weibliche Zeitempfinden in mir zu stärken. Das mit den Brüsten würde mir schon gefallen. Und meine Auserwählte wäre entlastet. Ich warf ihn raus – und engagierte noch am gleichen Tag eine Perle, wie das bei uns so schön heißt. „Pass auf, Schatzi!", sagte ich zu meiner Auserwählten. (Und Insider wissen ja, dass „Schatzi" die Kurzform von „Schaf und Ziege" ist und eigentlich Scha-Zi geschrieben werden müsste.) „Also, Schatzi", sagte ich, „die Putzfrau übernimmt ab jetzt meine 50 Prozent der Hausarbeit. Ist das in deinem Sinn?"

Wenige Wochen später sprach sie wieder mit mir. Und die Perle rettete unser Glück.

Garten

Um ehrlich zu sein: Ich betrachte Pflanzen meist sehr eingehend. Also, ich betrachte sie, und sie gehen ein. Und ich weiß nicht warum. Ich mache nämlich alles genau nach Anleitung. Ich gieße, dünge, pflege, harke – und ich singe für sie. Stundenlang. Na ja, vielleicht liegt es daran. Wie dem auch sei: Ich habe die seltene Fähigkeit (oder ist es ein Fluch?), jedes noch so blühende Gewächs innerhalb kürzester Zeit in ein bräunliches, muffelndes Etwas zu verwandeln. Ja, manchmal brauche ich dafür nur wenige Stunden. Und selbst Kakteen sträuben sich die Stacheln, wenn sie mir in die Hände fallen. Darum gestehe ich – geknickt wie die mir anvertrauten Geschöpfe: Pflanzenleichen pflastern meinen Weg. Aber ich bin unschuldig! Glauben Sie mir! Schuld ist mein brauner Daumen.

Tja, und dann hing da dieser Zettel. Noch hing der Duft meiner Auserwählten im Raum. Sie hatte sich gerade zärtlich verabschiedet, bevor sie wieder mal zu einem mehrtägigen Seminar aufgebrochen war. Und just in diesem Augenblick begann das Verhängnis. Mit einem riesigen Ausrufezeichen am Kühlschrank: „Bitte kümmere dich um die Blumen im Garten! Vor allem um die Chrysanthemen und die Bougainvillea." Bougain… häh? Was ist denn das? Außerdem: Was sollen eigentlich immer diese ekligen Zettel, die überall kleben, als wäre ich total vertrottelt. „Tau die Pizza auf, bevor du sie isst!" Hallo?!

Also: um die Blumen kümmern. Um den gerade von Miriam technisch aufs Feinste in Form gebrachten neuen Garten. Ihr Schmuckstück. Ihr „Grünes Baby". Ich warf einen vorsichtigen Blick durch die Terrassentür. Für mich sah das alles gleich aus. Ich meine: Was von dem Gestrüpp sind Chrysanthemen? Und: Schreibt man das wirklich so? Moment. Stand da nicht noch etwas auf dem Blatt, unten? „Wenn du Fragen hast, ruf Ratgebers an, die haben ja einen großen Schrebergarten und kennen sich aus." Mist! Wie üblich. Keiner da. Nur der Anrufbeantworter.

Weil ich wusste, dass wir das Buch ganz sicher irgendwo haben, gab ich nicht auf. Da bin ich eisern. Und schon gefühlte 800 Minuten später fand ich den Alptraum aller Freiluft-Allergiker: „Was blüht denn da?" Mit diesem Pflanzenbestimmungsungetüm stand ich daraufhin fröstelnd im Garten – bis ich endlich enträtselte, welche Dinger Chrysanthemen sind. Nun, ganz sicher war ich nicht. Schließlich sind sich viele Blumen doch irgendwie ähnlich. Aber weil die Leute auf der Straße schon ausgelassen kicherten, als ich zum zehnten Mal das Bild neben die Blüten hielt, ging ich lieber wieder rein.

Drinnen hatte mir Anke auf Band gesprochen: „Wir haben mit deinem Anruf gerechnet. Deine Liebste hat uns ja vorgewarnt. Pass bitte vor allem auf die Bougainvillea auf, die ist total empfindlich. Und einiges muss beschnitten werden. Jetzt fahren wir weg. Tschühüß!" Toll! Wovon reden die alle? Ich will niemanden beschneiden. Ich dachte, diesen Brauch hätten wir im christlichen Europa überwunden. Was sollte ich denn jetzt machen?

Drei Tage später hatte sich der Anblick unseres Gartens sehr verändert. Zum Schlechteren. Die ehemals blühende Pracht ließ die Köpfe hängen. Gebeugt vom Leid. Dafür standen an den Zäunen drum herum immer mehr Nachbarn. Wir unterhielten uns prächtig. Mit Menschen kann ich nämlich. Nur das Grünzeug wollte nicht. Trotz der unerschöpflichen Ratschläge all dieser qualifizierten Gartenexperten. Ein dürres Männlein kam mehrfach mit dem Rolator ans Tor und berichtete, wie es ihm gelungen war, ein Beet mit Usambara-Veilchen anzulegen – damals, in Stalingrad im Schützengraben. Man müsse nur wollen. Ich wollte ja. Aber es ging nicht. Möglicherweise, weil ich nicht weiß, was eine Bougainvillea ist.

Nach drei Tagen fand ich eine Lösung: Ich pflügte einfach alles um. Das schien mir sicherer. Manchmal braucht es eben einen Neuanfang. Das hat ja auch was Gutes. Echt. Tatsächlich hatten einige Nachbarn schon angefragt, ob ich mich nicht auch mal um ihr Efeu und andere störende Sachen kümmern könnte: „Wir dürfen den Baum nicht fällen, aber wenn Sie vielleicht …" Ich musste sie vertrösten. Ich hatte andere Sorgen. Meine Auserwählte war auf dem Anrufbeantworter. Fröhlich. Noch. Sie würde bald nach Hause kommen. Ah!

Auto

Ratgebers hatten sich ein neues Auto gekauft. Ein Cabrio. Einen MX-5. Knallrot. Geil. Also: Sie sahen mit ihren Erste-Weltkriegs-Fliegerkappen darin eigentlich ziemlich lächerlich aus – aber ich war trotzdem neidisch. Und natürlich standen sie seither fast täglich zufällig vor unserem Haus, um uns ihren Plastik-Flitzer demonstrativ unter der Nase zu platzieren: „Na, Ihr Süßen!", Peter lehnte sich dabei jedes Mal wie ein schlechter B-Movie-Filmstar auf die Wagentür, grinste künstlich und rief: „Kommt, wir machen eine kleine Spritztour."

Typisch Urologe! Denn wir mussten ja dann in unseren elf Jahre alten Ford Escort steigen. Geschlossen. Ohne Klimaanlage, 49 PS, mit „kaputtem" Radio (wie der Hesse sagt) und mit diesen alten Kunststoffsitzen, die bei Hitze mit den Oberschenkeln quasi zusammenwachsen. Widerlich. Peter höhnte noch: „Pass nur auf, Fabian, dass bei dir nichts anderes festklebt. Obwohl! Ich hab ja ein Skalpell dabei. Dann kannst du entscheiden, was dir wichtiger ist: das Auto oder ..." Das sind Augenblicke, in denen Männer andere Männer hassen.

Ich persönlich bin der Überzeugung, dass es eine Gebetserhörung war, als der Escort endlich die Grätsche machte. Gut, ich hatte meiner Auserwählten gesagt, es sei auf meiner Seite alles frei – obwohl der Traktor kam. Wurscht. Wir brauchten ein neues Auto. Endlich. Und dann ging meine Fantasie so richtig mit mir durch. Ich tauchte ein in Hochglanzprospekte metallic-lackierter Männerfreuden und sah mich zukünftig in rassigen offenen, hochmotorisierten Sportwagen durch überwältigende amerikanische Naturparks gleiten, der James Bond Hessens („Mein Name ist Vogt, Fabian Vogt"), mit einer scharfen Frau im Arm ...

Meine Auserwählte holte mich zurück in die Realität: „Wir brauchen eine Familienkutsche."

Was? Wieso denn das? War sie etwa schwanger? Ach so, nur prophylaktisch. Na super. In der Hoffnung auf irgendeinen Nachwuchs sollte ich also mit einem klobigen Würfel im Containerlook durch die Lande schleichen. Mit so einem Aufkleber „Keine Kinder mit beschissenen Namen on board." Ich hätte kotzen können. Doch sie war unerbittlich. „Ein Cabrio kannst du dir kaufen, wenn du 60 bist." Wunderbar. Dann, wenn es peinlich wird. Wenn sich alle entsetzt fragen: „Hat der alte Sack es so nötig?" Mensch, jetzt war ich in Saft und Kraft und brauchte das dazugehörige Auto. Nun, Miriam sah das nicht so. Weder das mit dem Auto, noch das mit „Saft und Kraft".

Also machten wir die Probe aufs Exempel. Und tatsächlich. In keines meiner heiß begehrten Wundergeschosse passte der Kinderwagen rein, den wir uns von meiner Schwester geliehen hatten. Und mein Protest, dass ein Drillingswagen auch nicht fair sei, interessierte niemanden. Man müsse für alles bereit sein. „Gut", gab ich klein bei, „dann will ich aber wenigstens eine absolute Luxusausstattung innen: Leder, Telefon, CD, MP3, Spielekonsole, Minibar und so weiter. Vor allem aber ein Navi."

Peter jaulte auf, als ich ihm am Telefon davon erzählte: „Navi? Hey, das braucht kein Mensch. NAVI ist doch die Abkürzung für ‚Neuste Ausrede Verspäteter Idioten'." Das sagte er natürlich nur, weil er selbst keines hatte. „Navis sind quatsch. Und notfalls holst du dir ein ABM-Navi." „ABM-Navi, was ist denn das?", fragte ich genervt. Er lachte: „Na, ein Ein-Euro-Jobber mit Karte auf dem Rücksitz. Ha ha ha. Nebenbei, wusstest du eigentlich, dass der Weihnachtsmann jetzt auch ein Navi hat? Ja, da heißt es doch immer: ,Die Rute wird berechnet'." Riesig. Ich vertraute mich ihm an, und er malträtierte mich mit seinen dämlichen Kalauern: „Du, ich arbeite gerade an einem Navi für Schönheits-OPs: ,Schneiden Sie links ab!'"

Nun: Der Autohändler sah mich mitleidig an, als wir uns die Mini-Familienvans mit Ästhetik-Bremse anguckten. Wahrscheinlich kannte er

meinen Schmerz. Er ahnte, dass ich nun zehn Jahre lang weinend ins Auto einsteigen würde. Also eine Art Kastration erlebte. Vor mir lag nur noch langweiliger Verkehr. Und Ratgebers schickten mir – was für ein Scherz – die Traueranzeige eines gestorbenen Porsches „Parke in Frieden". Das Blöde ist: Ja, ich habe ihnen dafür viel Übles an den Hals gewünscht. Aber dass Anke den MX-5 beim schwungvollen Zurücksetzen in eine Baugrube fuhr und schrottete, wollte ich nicht. Wirklich!

„Als Gott am sechsten Schöpfungstag alles ansah, was er gemacht hatte, war zwar alles gut – aber da gab es auch noch keine Familie."

Kurt Tucholsky

Familienplanung

Irgendwie ist das Leben heimtückisch. Beinah schon hinterhältig. Gerade, wenn man beim Einrichtungsgemetzel denkt „Grausamer kann es nicht mehr kommen", hält einem das Ehegespons im Morgengrauen ein seltsames Plastikstäbchen mit zwei Strichen vor die Nase: „Guck mal!" Ich schlief noch halb. Nein, eher drei viertel: „Was ist?" „Hi-hier!" Ich sah meine Auserwählte wie durch einen Nebel. „Is ja gut!" Doch als ich mir das Ding instinktiv in den Mund schieben wollte, um Fieber zu messen, raunzte sie völlig überdreht: „Das ist ein Schwangerschaftstest. Und er ist positiv." Was? Positiv? Nebenbei: Das halte ich insgesamt für eine Lüge. Gut, es entsteht ein Kind. Aber positiv? Na, jetzt weiß ich wenigstens, warum dieser Augenblick „Morgen-Grauen" heißt.

Nicht, dass Sie mich missverstehen. Ich liebe Kinder. Sehr sogar. Ich bin ganz vernarrt in die kleinen Möchtegern-Menschen. Ehrlich! Aber mir würde es reichen, ab und an eines für ein paar Stunden auszuleihen. Nein, das klingt komisch. Wie soll ich es sagen? Also: Kinder sind alles, nur kein Kinderspiel. Ich behaupte: Unter den absolutistischen Staatssystemen ist die Diktatur des Kindes die grausamste. Ja, sie entmündigt völlig. Sie raubt jegliche Selbstbestimmung. Du lebst nicht mehr – du wirst gelebt. Nur geben das die wenigsten Mamis und Papis zu. Ist das Feigheit oder Wahnsinn? Also, ich forsche da noch. Obwohl: Ich habe ja den Verdacht, dass all die säuselnden Eltern einer vollständigen Gehirnwäsche unterzogen wurden. Anders ist ihre Akzeptanz der Versklavung nicht zu erklären. Reduktion auf das absolute kognitive Minimum.

Ich weiß noch, wie Ratgebers ihre erste „Zeitvernichtungsmaschine" bekamen. Mann-o-Mann. Jeden Tag frohlockten sie mit matter Stimme: „Ach, es ist so toll. Die Kleine macht unser Leben so reich." Wie bitte? Die beiden sahen aus wie exhumiert – und zwar nach sehr, sehr langer Zeit. Was laberten die da? Die Ratgebers, deren Leben einzig und allein daraus bestanden hatte, ins Kino zu gehen, abzutanzen,

Museen zu besichtigen und hochprozentige Uro-
logen-Partys zu besuchen. Aus und vorbei. Ich
erschrak zutiefst: Das waren nicht mehr die Ratgebers, die ich kannte. Vorher fand ich sie nur
schrecklich, jetzt waren sie unerträglich.

Tatsächlich hatte eine dunkle Macht von ihnen
Besitz ergriffen. Nichts von dem, was ihrem prä-
natalen Dasein Sinn gegeben hatte, spielte noch
eine Rolle. Das war eine Umwertung aller Werte.
Eine feindliche Übernahme: „Angriff des Killer-
Babys!" Das Kind meuchelte rücksichtslos die Ratgebers dahin, an deren nervige Art ich mich end-

lich gewöhnt hatte. Na, eigentlich hätte ich dankbar sein sollen. Aber ich ahnte, dass mir ähnliche Mutationen bevorstanden. Wahrscheinlich sagt Marie von Ebner-Eschenbach deshalb: „Ganz aufgehen in der Familie, heißt ganz untergehen." Und Kafka ergänzte: „Heiraten, eine Familie gründen, alle Kinder, die kommen, hinnehmen, erhalten und gar noch ein wenig führen, ist das äußerste, das einem Menschen überhaupt gelingen kann."

Und da begriff ich: Der Bau- und Einrichtungshorror ist kein Zufall. Oh nein. Er ist das Trainingscamp, die Ausbildung für die eigentliche Schlacht. Eine Schlacht, in der mit Heulgranaten, Spinatgeschossen und Exkrementen gekämpft wird. Ja, das Leben macht uns fit für die brutalste Form psychologischer Kriegsführung: die Nervensägen.

Kinderkriegen

Als wir beschlossen, ein Kind zu kriegen …
also: meine Auserwählte beschloss, und ich – als
echter Kerl – brummte irgendwas, was man als
Zustimmung interpretieren konnte (aber nicht
musste) …, las ich gerade voller Panik in der Zeitung, dass in Spanien inzwischen 50 Prozent aller
jungen Männer zeugungsunfähig sind. Wegen
der Pestizide. Ja, jede Tomate ein Kind. Also: we-
niger. Von wegen Latin Lover. Oder gerade des-
wegen. Peter als Urologe würde wahrscheinlich
grinsend sagen: „Da, wo zu viel gespritzt wird …"
Lassen wir das.

Jedenfalls gingen wir jetzt unverhüteter Dinge an die Sache ran. Macht ja auch Spaß. Nur hat
so ein Zeugungsakt leider seine Inkubationszeit –
und dann sitzt man dämlich da und wartet, was
passiert. Tagelang. Ein komisches Gefühl. Wir,
die wir beide in einigen heiklen Situationen in-
brünstig gebetet hatten, die „Periode" möchte
doch „bitte, bitte" kommen, hofften nun darauf,
dass sie gefälligst ausbliebe: „Bleib weg!" Tat sie
aber nicht. Das ärgerte mich natürlich. Bis aufs
Blut. Monat um Monat verging, die Periode mei-

ner Auserwählten kam regelmäßiger als jemals zuvor, und mein Selbstwertgefühl als Mann sank sturzartig in den Keller. Der übrigens dringend mal hätte aufgeräumt werden müssen. Aber in unserem Denken drehte sich jetzt alles um die erhoffte Verschmelzung unserer Erbanlagen.

Ich meine, im Grunde hätte ich ja frohlocken können: Meine Auserwählte, die sich sonst jeden Sex mit endlosem romantischen Firlefanz abtrotzen lässt, zerrte mich an den fruchtbaren Tagen nun mit Gewalt ins Bett. Pseudo-nymphoman. Zeugungsgeil. Und während wir uns vorher leidenschaftlich ganze Nächte versaut hatten, indem wir genervt über die für beide erträgliche Anzahl von körperlichen Kontakten gestritten hatten, konnte sie jetzt nicht genug bekommen: „Los, noch einmal zur Sicherheit!" Doch es wurde nichts. Selbst wenn sie nach dem Sex eine Viertelstunde nackt Kopfstand machte, um die Spermien zu unterstützen (das hatte sie als Mega-Tipp in einer dämlichen Schwangerschaftszeitschrift gefunden, und es sah auch bescheuert aus): kein Erfolg. So saßen wir alle vier Wochen innerlich bebend da, fieberten dem Ergebnis entgegen – und die Periode ließ uns rot vor Wut werden. Immer wieder. Vor allem kam sie meist drei Tage zu spät. Um uns zu ärgern. Ich fühlte mich ganz mies.

In unserem Schlafzimmer stapelte sich inzwischen die Ratgeber-Literatur – und das Prozedere wurde nun professionell koordiniert und geplant. Meine Auserwählte trank Übelkeit erregende Fruchtbarkeitstees aus dem Reformhaus (oder von einer Voodoo-Nachbarin), ich musste Sport treiben, Grünkern essen und andauernd spazieren gehen (wobei ich glaube, dass sie sich das nur ausgedacht hat). Und ich sollte vor dem errechneten Tag der Empfängnis sechs Tage lang enthaltsam sein. Was ich noch schlimmer fand als spazieren gehen.

Ich erinnere mich: Einmal rief sie mich in einer für mich zukunftsentscheidenden dienstlichen Sitzung an, mit dem Tonfall eines Generalfeldmarschalls: „Der Ovulationstest hat angeschlagen. Ich hatte gerade meinen Eisprung. Du kommst sofort nach Hause." „Äh, ich kann jetzt nicht." „Doch! Du! Kannst!" Es war ein Befehl. Unverkennbar. Voller Panik nuschelte ich: „Soll ich meinem Chef sagen: ‚Ich muss nach Hause, vögeln.' Das kommt doch komisch." „Ist mir egal. Du kannst jetzt nicht den Schwanz einziehen. (Also bitte!) Es gibt heute ein ganz schmales Zeitfenster. Wenn wir das verpassen, hast du unser ungeborenes Kind auf dem Gewissen. Willst du das?" Sie konnte es nicht lassen. Mist.

Ich täuschte also ein plötzliches Unwohlsein vor. Obwohl: Ich empfand es tatsächlich. Mein Gott: Ich war zum reinen Zuchtbullen geworden. Ein Rohstofflieferant im Projekt „Ergebnisorientierter Beischlaf." Das Bett war ein Fabrikationslabor. Das Schlafzimmer die Fertigungshalle. Und die Ejakulation ein Reibungsverlust. Nix mehr mit Lust und Liebe. Zeugung statt Zärtlichkeit. Koitus auf Kommando. Traurig brachten wir es jedes Mal hinter uns.

Heute weiß ich gar nicht mehr, was ich sagen soll. Ich meine: Ich hatte mich früher sehr über die offenbare Dyskalkulie meiner Auserwählten geärgert, also ihre mathematische Schlichtheit. Doch just die führte zum Ziel. Weil sie sich verrechnete, hatten wir nach langen Monaten mal wieder freiwillig Sex. Eigentlich ein Versehen. Und da wurde sie schwanger.

Schwangerschaft

Eines wusste ich bald mit Sicherheit: Das da, das war nicht mehr die Frau, die ich geheiratet hatte. Dieses durchgeknallte, wie Hefe aufgehende Ding an meiner Seite. Nichts mehr mit 90-60-90. Stattdessen: 100-120-100. Ja, Ihr Männer, die ihr das schon hinter euch habt: „Warum warnt ihr uns nicht? Uns blutige Anfänger! Vor diesen Gugelhupfen mit Füßen." Wir hätten uns doch mit zwei, drei Horror-Videos auf die Situation einstellen können. Ich meine: Wer rechnet damit, dass seine Frau morgens schlaftrunken in die Küche kommt und sich erst einmal in den Toaster übergibt? Oder sich ein Thunfischbrötchen mit Vierfruchtmarmelade schmiert. Oder die Gewürzgurken genussvoll ins Nutella dippt. Bäh! Wobei: Am schlimmsten war es beim Autofahren: „Halt sofort an! Ich muss kotzen." „Äh, Schatz, wir stehen noch vor der Tür." „Egal, du siehst aus, als ob du schon fährst." Hä? Es war zum Reihern. Andererseits: Es steht ja schon in der Bibel, dass man länger lebt, wenn man kotzt. Wirklich. Da heißt es: „Das Leben währet 70 Jahr, und wenn's hoch kommt, sind's 80 Jahr."

Aber das ist nur ein Kalauer, den ich unbedingt irgendwo einbauen wollte. Hier passt er.

Zurück zur Realität: Miriam hatte beim Brüten endgültig jegliches Resthumor verloren. Ich sagte nett: „Na, meine Tonne" – und sie lachte überhaupt nicht. Oder: „Mensch, bei deinen Kleidern sparen wir nächsten Sommer das Zelt." Nichts. Außer einem nächsten Brechanfall. Doch dann ging der Nervenkrieg erst richtig los. Als Ratgebers uns dieses Buch schenkten: „Die 4000 beliebtesten deutschen Vornamen". Und ich kannte keinen davon: Gerome, Melissa, Todd. Also: „Gerome" klingt für mich wie eine Geschlechtskrankheit, aber nicht wie ein Vorname. „Ich habe seit vier Wochen Gerome."

THEES

Das war vor allem kompliziert, als wir noch gar nicht wussten, was es werden würde. Ich habe ja immer gesagt: „Mir ist es egal, ob Junge oder Mädchen – Hauptsache er kann Fußball spielen." Sie reagierte aber nicht mehr, weil sie nur noch am Namensortieren war. Irgendwann schrie sie: „Ich habe es. Wenn es ein Junge wird, nennen wir ihn Duncan. Das nimmt sonst niemand." „Ja", sagte ich, „aus gutem Grund. Da können wir ihn gleich Pablo Mortimer nennen." Worauf sie mich mit dem Satz verblüffte: „Pablo Mortimer ist genauso blöd wie Herbert." Was? „Ja", ereiferte sie sich, „in der gesamten Weltgeschichte hat es noch nie jemanden gegeben, der es mit dem Namen Herbert zu irgendwas gebracht hätte. Mehr noch: Der Name Herbert hätte wesentliche kulturelle Errungenschaften verhindert. Stell dir mal vor ‚Faust' von Herbert von Goethe. Das hätte doch keine Sau gelesen. Mit Herbert Luther hätte es keine Reformation gegeben. Und meinst du, ein Mann namens Herbert Rilke hätte so ein wunderschönes Gedicht wie ‚Der Panther' schreiben können? Nein. Höchstens ‚Das Frettchen'." Irgendwie steigerte sie sich total rein. „Meinst du, es hätte jemals jemand einen Herbert von Nazareth verehrt? Nein! Vor allem, weil dann auf dem Schild am Kreuz nicht ‚INRI' gestanden hätte, sondern ‚HENRI'." Das sind die Hormone. Glauben Sie mir! Es gab früher Augenblicke, in denen meine Auserwählte normal war. Obwohl …

Der Höhepunkt kam, als sie eines Tages schrie: „Ich brauche sofort einen frisch gepressten Mandarinensaft." Besänftigend sagte ich: „Wo soll ich denn jetzt frische Mandarinen herbekommen? Es ist mitten in der Nacht." Da weinte sie: „Tatsache ist: Wenn ich nicht sofort einen frisch gepressten Mandarinensaft bekomme, kann es sein, dass das Kind bleibende Schäden hat – und alle werden sagen: ‚Ganz der Vater'!" Das war nicht lustig. Ich also in den Keller. Und: Da steht noch eines von diesen kleinen Döschen mit eingemachten Mandarinen. Haltbar bis 6/82. Und natürlich finde ich keinen Dosenöffner. Nur so ein Teil, bei dem man sechs Minuten brachial drückt – und die Dose ist unverändert. Dafür hat man aber einen Bluterguss in der Hand. Ich habe das Ding dann aufgemeißelt, die träge Masse püriert und in ein Glas gegossen. Das sah nicht nur aus wie Gülle, das roch auch so. Ich mit dem Glibber nach oben. Was ist? Sie schläft. Da habe ich sie erst mal geweckt. Und was sagt sie? „Ach, ein Glas Wasser hat es auch getan." Da wurde mir klar, dass die Bibel falsch übersetzt ist. Es muss heißen: „Du, Frau, wirst Kinder kriegen. Du, Mann, wirst Schmerzen leiden."

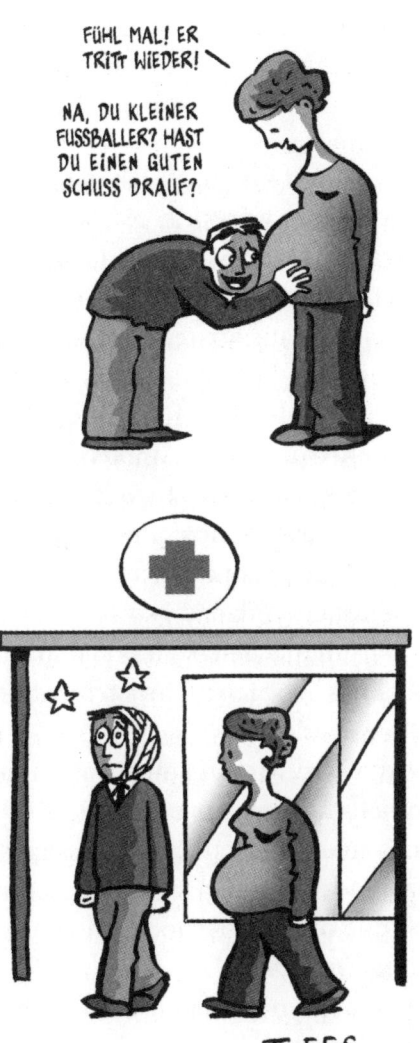

THEES

Geburt

Ich war total enttäuscht, als ich in den Kreiß-
saal kam. Der war ja viereckig. Na, so was. Hier,
im Gebärhimmel des Rhein-Main-Gebietes. Dabei hatten wir vorher extra Dutzende von „total
lustigen" Krankenhausvorstellungsabenden be-
sucht, um die perfekte Brutstation zu finden.
Klar, man will ja unbedingt für den Geburtsakt
des Erstgeborenen das ideale Ambiente. Die voll-
kommene Klinik. Zumindest wollte das meine
Auserwählte. Ich dachte nur: „In der Taiga ver-
schwinden die Frauen zum Werfen kurz hinterm
Busch – und arbeiten danach sofort wieder auf
dem Feld. Warum machen bei uns alle so ein Ge-
schiss?" Aber das habe ich natürlich nicht gesagt.
Ich wollte ja weiterleben.

Und nun waren wir auf einer Station, in der
man eigentlich in jeder nur erdenklichen Form
entbinden konnte: im Sitzen, Stehen, Liegen, Hocken, Tanzen oder Kraulen, über Wasser, unter
Wasser (Wanne oder Gebärpool), in Schaukeln,
die wie Folterwerkzeuge aussahen, auf einem
keilförmigen, biodynamischen Dinkelwinkel –
oder in der Mitarbeiterkantine. Was weiß ich?

Ich hatte mir das nicht alles merken können. Vor allem erledigte sich diese Frage ohnehin, als die ersten richtigen Presswehen kamen. Da klappte meine Auserwählte nämlich zusammen und konnte nur mit Hilfe eines Gabelstaplers auf die Liege gebracht werden.

Die Hebamme fragte freundlich: „Wollen Sie eine Betäubung?" Ich sagte sofort „Ja", merkte aber schnell, dass Miriam gemeint war. Dann ging es los. Wehenschreiber, Herzfrequenzmesser, Saugglocke, Zange, Tupfer. Ich wäre fast in Ohnmacht gefallen. Peter hatte mir vorher zwar mit tränendrüsiger Stimme gesagt: „Mach dich auf etwas gefasst. Das Schlimmste ist, wenn du deine Liebste leiden siehst. Und kannst nichts machen." Also: Das fand ich überhaupt nicht schlimm. Das hatte sie verdient. Das war doch der gerechte Ausgleich für ihr Verhalten während der Schwangerschaft. Jedenfalls waren das meine Worte zu Peter gewesen. Sollten cool klingen. Live lief es dann aber doch ein wenig anders. Wirklich. Als ich den Arzt zum 16. Mal fragte: „Ist alles in Ordnung?", drohte er mir scherzhaft mit dem blutüberströmten Zeigefinger. Dem Blut meiner Auserwählten. Ahh.

Aber der „Viertelgott-in-Weiß" war auch seltsam. Andauernd sagte er so sinnlose Sachen wie: „Ich spür schon das Köpfchen." Oder „Man kann bereits die Haare sehen." Oder: „Der Muttermund ist jetzt acht Zentimeter geöffnet." Oder: „Sie machen das ganz toll, Frau Vogt." Hä? Meine Auserwählte lag da wie ein umgefallener Sack Reis, stöhnte verzweifelt vor sich hin, und krümmte sich regelmäßig, als hätte ihr jemand in den Magen getreten. In welchem preisgünstigen Motivationstrainer-Seminar war dieser Arztknilch eigentlich gewesen? „Sie machen das ganz toll." Sicher, und warum dauert es dann 16 Stunden?

Irgendwann war es so weit. Auf einmal schlüpfte das neue Leben in die Welt. Sah mich. Und fing an zu schreien. Welch ein Glück. Ich heulte wie ein Schlosshund – und rief mit brüchiger Stimme: „Was für ein Prachtkind." Fand ich. Der Arzt aber nicht. Mit sorgenvoller Miene murmelte er: „Da stimmt was nicht mit dem Herzen. Das Kind muss sofort auf die Kinderintensivstation. Sie dürfen es in drei Tagen wieder abholen."

Ich meine, ich hätte einmal in einem Godzilla-Film einen ähnlich grässlichen Schrei gehört, wie den, den meine Auserwählte da ausstieß: „Nein!" Hätte sie eine Waffe dabei gehabt, ich glaube, sie hätte den Arzt einfach niedergeschossen. So sah sie jedenfalls aus. Ich wollte gerade einen Spezialanwalt für Geburtsrecht anrufen, als der Arzt einlenkte. Und mich dämonisch ansah: „Wenn Sie jetzt sofort mit dem Kind zu einem Kinder-Kardiologen fahren – kann der die Verantwortung übernehmen." Ich? Mit dem Kind? Das ist erst eine halbe Stunde alt! Was ist, wenn es unterwegs …? Der Arzt war unerbittlich. So oder so. Und weil kein Krankenwagen verfügbar war, musste ich mit dem Baby im Maxi-Cosi in ein Taxi steigen und ans andere Ende der Stadt fahren. Super.

Am Zielort gähnte ein verschlafener Nachtportier: „Gehen Sie erst mal ins Wartezimmer! Ach, wie alt ist das Kind denn?" „Eine Stunde", sagte ich. Und habe nie wieder in meinem Leben jemanden so schnell aufspringen sehen. Der Kardiologe dagegen lachte: „Ach, das Kind ist kerngesund. Die meisten meiner Kollegen haben halt keine Ahnung." Beruhigend.

Gefühlsleben

Letztlich hält sich ja jeder Mann für einen kleinen König. Doch wenn der Nachwuchs kommt, wird „Seine Majestät" über Nacht gestürzt. Abgesägt. Entthront. Von einem heimtückischen Winzling subversiv entmachtet. Verwundert rappelt sich der Entkrönte vom Boden der Tatsachen auf und schluchzt seiner mutierten Frau zu: „Aber ich war doch immer die Nummer eins für dich." Woraufhin sie nur sagt: „Verschwinde. Du stehst im Weg. Mein Goldschnuckelputzilein ruft."

Aber Godschnuckelputzilein ruft gar nicht. Es brüllt. Es kreischt. Es sägt. Nerven. Und zwar gefühlte 26 Stunden am Tag. Immer und überall. Der Mann ist dabei völlig überflüssig. Warum? Weil die fleischgewordene Heulboje nur eines will: die Brust der Mama. Die will Papa übrigens auch. Aber wehe, er fängt an, deshalb so kindisch rumzuschreien. Dann bekommt er Krach. Und es nützt auch nichts, denn die beiden Glücksspender sind von nun an reserviert. Besetzt. Okkupiert. Tabu. Von einem Eindringling besetzt.

Das alles wäre übrigens harmlos, begännen

nicht am dritten Tag die Vorwürfe. Meine Auserwählte jammerte zum Beispiel andauernd:
„Warum stillst DU das Kind nicht mal nachts um
drei?" Was? Aber Vorsicht, Männer! Auch wenn
die Antwort für ein logisch denkendes Geschöpf
klar zu sein scheint, ist sie das für eine Frau noch
lange nicht. Also für eine neugeborene Mutter.
Ich war natürlich so blöd, trotzdem auf meinen
mangelnden Milchfluss hinzuweisen. Da gab es
vielleicht einen Aufstand: „Du Egoist. Das machst
du doch mit Absicht. Gut, dann übernimmst du
das Kind nach dem Stillen, damit es auf deinem
Arm Bäuerchen macht und einschläft. (Nebenbei: Gibt's das im Englischen eigentlich auch:
„Let's do a little farmer"?)

KOMM, KLEINER MANN! MACH EIN BÄUERCHEN!

NOCH EINS?

THEES

Ich weiß, es war ein Fehler zu antworten:
„Aber du bist dann doch ohnehin wach." Seit-

dem hielt sie mir nämlich jede Nacht eine Pressluftträte aus dem Stadion ans Ohr, um mich zu wecken. Und ich torkelte im Dämmerzustand stundenlang durch die abgedunkelte Wohnung und durchwühlte mein dumpfes Hirn nach längst verdrängten Kinderliedern. Doch es half alles nichts. Das Geschöpf war hellwach, kotzte mich grinsend voll, und duldete nicht, dass ich auch nur eine Sekunde stehen blieb. Oder mich gar in den Fernsehsessel setzte. Oh nein. Es wollte Action. Partytime. Bis ich irgendwann feststellte, dass unser Kind immer dann einschlief, wenn ich Kniebeugen machte. Ein Riesenvergnügen. Toll.

Das Verrückte ist: Wenn ich das Gebrüll endlich beendet hatte und spontan in einen komaartigen Tiefschlaf fiel, ging garantiert zwei Minuten später auf meiner anderen Seite eine Sirene los: „Ah! Hilfe! Los guck, ob das Kind noch lebt! Ich glaube, es atmet nicht mehr. Oh Gott." Natürlich atmete es noch, aber der hysterische Anfall meiner Auserwählten hatte es wieder geweckt. Woraufhin sie sich zusammenrollte und sagte: „Du bist dran!" Ein Satz, den ich bei Amnesty International auf die Schwarze Liste setzen lassen möchte: „Du bist dran!"

Als meine Schwiegermutter zu Besuch kam, nutzte ich die Chance, um zu fliehen. Mich mal wieder mit Peter zu treffen. Ich persönlich glaube übrigens, meine Auserwählte war äußerst froh, dass ich verschwand. Und ich wollte mich bei meinem Freund richtig ausheulen. Na, Pustekuchen. Ich machte nur eine winzige Andeutung, da fing er selbst an, mich vollzumären. Wie Anke erst den Babyblues hatte und dann „diese blöde postnatale Depression". Er sagte natürlich nur PND: „Anke hatte diese blöde PND. Das war kein Leben mehr." Ihm kamen die Tränen, als er an ihr Leid dachte. Nett, wie ich bin, fragte ich: „Und woran erkennt man … PND?" Er schluchzte: „Ach, man fühlt sich die meiste Zeit elend, hat nichts, worauf man sich freuen kann, ist total weinerlich, hält sich für schuldig, fährt seinen Partner gereizt an, verliert völlig den Spaß am Dasein und ist in schrecklicher Sorge um das Neugeborene. Außerdem kann man sich nicht mehr richtig konzentrieren."

Ich zuckte zusammen. Meine Schweißporen begannen zu arbeiten. Offensichtlich hatte meine Auserwählte eine PND. Und ich. Und meine Schwiegermutter. Vom Kind mal ganz abgesehen. Wir waren gemeinsam so eine Art Irrenhaus. So weit war es also gekommen. Verstört fragte ich: „Und was kann man da tun?" Doch als Peter antworten wollte, schlief ich ein.

Babysitter

Ich klemmte mir zweimal die Hand ein, hatte einen leichten Bandscheibenvorfall und brach mir meinen Lieblingsfingernagel ab, dann endlich war der vom TÜV geprüfte und von Stiftung Warentest mit „Sehr gut" verurteilte Kindersitz im Auto ordnungsgemäß befestigt. Und wir konnten losfahren. Also: Wir hätten losfahren können. Aber meine Auserwählte brauchte natürlich noch weitere 40 Minuten. Ahh.

Ja, denn in unserer Wickeltasche sollte, wie üblich, alles stecken, was man bei einem spontanen Inferno braucht, um mit einem Säugling zu überleben: Schweißbrenner, Ski-Anzüge (im Hochsommer), Fläschchenwärmer, Ersatz-Fläschchenwärmer, acht Garnituren zum Wechseln, ein Picknickkoffer, 32 Schnuller, gefühlte 4.000 Windeln, ein Jagdmesser und drei Kisten Feuchttücher mit Aloe Vera. „Wir sind doch in einer Stunde wieder zurück", sagte ich angesichts des überquellenden Kofferraums. „Brauchen wir das wirklich alles? Können wir nicht wenigstens das Jagdmesser zu Hause lassen?"

Da ging sie wieder mal in die Luft wie eine Furie. Ich weiß zwar nicht, ob Furien in die Luft gehen können, aber meine Auserwählte sah so aus. Erbost fuhr sie mich an: „Jedes Jahr werden unzählige Säuglinge von entarteten Kampfhunden zerfetzt. Und ich, hörst du, ich werde diesen widerwärtigen Tötungskläffern zuvorkommen. Ich werde ihnen das Herz bei lebendigem Leib aus der Brust schneiden – und ihren faschistoiden Herrchen gleich mit." Nun ich war sehr froh, dass in diesen Wochen keine Bundestagswahl stattfand. Manche Ansichten meiner Auserwählten hatten sich nämlich seit der Geburt leicht radikalisiert. Aber nur leicht. Andererseits fand ich die Vorstellung, Miriam könne vor meinen Augen einen Pitbull niedermetzeln, irgendwie anregend. Das lag jedoch – da bin ich ganz sicher – nur an der langen Enthaltsamkeit. Echt. Schließlich war das ja auch gemein: Zehnmal am Tag holte sie ihre Brust raus. Aber nie für mich.

Ach, Kinder sind ein Glück. Wirklich. Ich war an diesem Morgen – drei Wochen nach der Geburt – erstmals wieder gut gelaunt. Denn wir waren auf dem Weg zu einer Aupair-Vermittlung. Ein Tipp von Ratgebers: „Unsere Tatjana ist total süß", hatte Peter mir mit Augenzwinkern gesteckt. „Also auch zu unserer Kleinen. Und sie kichert immer so fröhlich, wenn ich ihr zeige, wo bei ihr die Gallenblase sitzt."

Erst hatte ich mich gesträubt. Ich meine: Das ist doch komisch. Jemand, der mit im Haus wohnt. Da kann man nicht mehr nackt durch den Flur laufen. („Wieso denn nicht?", fragte Peter.) Die Intimität ist hin und wer weiß, was die so rumerzählt. Peter kicherte: „Ach, habt ihr was zu verbergen? Schließlich hat schon William Penn Adair Rogers gesagt: ‚Eine Familie ist dann in Ordnung, wenn man unbesorgt den Papagei verkaufen kann.'" Na toll. Schließlich sah ich ein, dass das der einzige Weg war, irgendwann mal wieder meine Frau ohne „Kinderkrankheit" zu sehen. Voilà.

Im Büro der Aupair-Agentur drückte uns eine spröde „Vermittlerin", die im Zweitberuf sicher als SM-Domina arbeitete, einen aktuellen Katalog in die Hand. Und da saßen wir dann und blätterten Mädchen um: Anastasija, Jekaterina, Ljudmila, Inna und Galina. Ein komisches Gefühl. Außerdem hatte ich schon nach kurzer Zeit den Eindruck, dass meine Auserwählte deutlich die Hässlichen und Fetten bevorzugte. Warum bloß? „Hier", sagte ich, „Maruja, die sieht sehr … nett aus. Außerdem hat sie deutsche und amerikanische Literatur in Novosibirsk studiert. Ist doch großartig." Die Dominante hob gereizt den

Kopf: „Wollen Sie mit der Hemingway diskutieren, oder soll sie vollgeschissene Windeln wechseln?" Na, was ich wollte, stand nicht zur Debatte. Schließlich wählten wir drei Kandidatinnen aus, deren Unterlagen wir zu Hause noch mal in aller Ruhe prüfen wollten. Zum Glück schrie auch gerade unser Kind.

Nachdem wir tagelang überlegt hatten, welcher Russin wir einen Neuanfang ermöglichen wollten, klingelte das Telefon. Alte Bekannte aus Schweden. Meine Schwiegermutter hatte sie über unseren Aupair-Wunsch informiert. Tja, so kam Emily zu uns.

Erziehung

Ratgebers tauchten inzwischen fast täglich bei uns auf. Sie fanden, unsere Kleinen sollten einander Geschwisterersatz sein, bevor weitere Kinder gebastelt wurden. „Gut", dachte ich, „aber warum müsst ihr immer mitkommen?" Vor allem Peter war unerträglich. Er machte jetzt im Krankenhaus nur noch Nachtschichten, um das Gekreische seiner Tochter nicht ertragen zu müssen – und ging dafür tagsüber allen auf den Geist. Wirklich! Wer will schon beim gemütlichen Kaffeetrinken über Hodenentzündungen, Nierensteine und Altersinkontinenz plaudern: „Ihr wisst ja, Millionen Männer müssen nachts raus. Dabei würden sie viel lieber rein. Ha ha." Ich hätte ihm am liebsten einen Arzneimittelkürbis an den Kopf geschmissen. Schließlich gilt gerade für Tote: „Nie mehr Müssen müssen."

Jedenfalls saßen wir eines Tages bei irgendeinem alternativen Gebäck („Schlesische Tofu-Torte" oder „Dänischer Dinkelschaumkranz"), als Anke plötzlich aufschrie: „Euer Kind kann sich ja noch gar nicht drehen. Da müsst ihr sofort etwas unternehmen." Geschockt sahen meine Auserwählte und ich uns an. Hatten wir versagt? Waren wir Erziehungslegastheniker? Sie müssen dazu wissen, dass Ratgebers für ihre Tochter vom ersten Tag an ein ausgeklügeltes Fortbildungs- und Förderprogramm erstellt hatten, um auch ja nichts zu übersehen.

Ihre kleine Jaqueline („Schakeline", wie ich sie heimlich nannte) war im Säuglingsschwimmkurs, in der PEKiP-Gruppe, in der Mini-Gymnastik, bei der Babymassage, in der Urschrei-Therapie, im Akupressur-Zirkel, bei einer Kinesiologin (keine Ahnung, was das ist, aber ich wollte es nicht im Haus haben), in einem Mozart-Revival-Kurs und in rund einem Dutzend Krabbelkreisen. Außerdem hatten Ratgebers ihre Besenkammer in einen frühkindlichen Indoorspielplatz umgebaut, so eine Art Trainingswerkstatt für alle Sinne, die aber eher an eine Gummizelle erinnerte. Vielleicht sah Schakeline deshalb so verstört aus.

Ich bekam trotzdem ein schlechtes Gewissen. Ja! Wir vernachlässigten unser Kind. Ganz offensichtlich. Schakeline war mit fürsorglichen Eltern gesegnet, wir dagegen verbauten unserem Kind jetzt schon alle Chancen auf ein erfülltes Dasein. Im fünften Monat. Wir Egoisten. Und Anke setzte noch einen drauf. Sie öffnete ihre Handtasche und holte ein Buch heraus: „Hier. ‚Jedes Kind kann schlafen lernen‘.“ „Ja“, sagte ich, „das stimmt sicher, aber unseres will halt nicht.“ Da sah Peter mich mit einem vernichtenden Blick an. Als wäre ich eine missratene Mikrobe: „Ihr müsst euer Kind nur richtig erziehen. Dann schläft es auch. Passt mal auf: Entweder bestimmt das Kind oder die Eltern. Wollt ihr euch denn ewig tyrannisieren lassen?“

Meine Auserwählte schluckte. „Wir kennen dieses Verfahren. Aber es fällt uns schwer, unser Kind abends verzweifelt rumbrüllen zu lassen, nur damit es lernt, allein zu sein.“ „Memmen“, sagte Peter, „das ist doch nur die Übergangsphase. Dafür hat man nachts dann irgendwann

Ruhe. Und das Kind schläft." Ja, dachte ich, weil sein Wille gebrochen und sein Vertrauen in die Menschheit zerstört wurde. Aber gut. Ratgebers erzogen ihre Kleine eben mit eiserner Hand. Wenn Schakeline eine der 47 Hausregeln nicht befolgte, wurde sie zum Beispiel lautstark ermahnt. (Sprich: Es brüllte eigentlich andauernd ein Elternteil rum.) Zudem war Peter der Überzeugung: Wenn ein Kind etwas 30-mal probiert hat, dann schmeckt es ihm auch. Man muss es nur zu seinem Glück zwingen.

Komisch. Im Geist sah ich plötzlich vor mir ein Bild. Wie ich Peter mit Gewalt 30 Portionen Meeresfrüchte einflößte. Mit einem Stößel. Er hasst nämlich Fisch. Ja, ich wollte ihm nur zu seinem Glück … verhelfen.

Solange Ratgebers bei uns waren, empfanden wir uns immer als mangelhaft. Obwohl, es stimmte ja: Nicht all unser Spielzeug war TÜV-geprüft, schadstoffarm, aus nachwachsenden Naturmaterialien und von glücklichen Perlentauchern aus den Anden hergestellt. Und vor allem mit dem Siegel „Pädagogisch wertvoll" versehen. Ich bekam Komplexe. Und fasste aus Rache einen perfiden Plan. Zu ihrem ersten Geburtstag würde ich Schakeline etwas Schreckliches schenken: so ein Kunststoff-Monstrum, das auf Knopfdruck blinkt und nervtötende elektronische Melodien absondert. Da würden Ratgebers schon sehen, wie ihre Kleine die pädagogischen Ebenholzdelfine in die Ecke pfefferte und sich am Plastik-Scheiß erfreute.

Freunde

Es klingelte. Vor der Tür stand eine Frau, die genauso abgewrackt aussah wie meine Auserwählte zurzeit – und lächelte müde: „Ich bin Jorinde. Ist Miriam schon fertig?" Nun, fertig war sie, aber nicht zuhause. Ich hatte an diesem Vormittag kurzfristig den „Dienst" übernommen, weil meine Auserwählte zum Frauenarzt musste. Egoistin. Ängstlich fiel mein Blick auf den Designer-Kinderwagen hinter Jorinde, der an einen elektrischen Stuhl erinnerte. Offenbar lag darin auch ein Kind. Was hatten diese Störenfriede mit mir vor? Diese Jorinde!

Das „Mama" bemerkte meine Unsicherheit. „Wir wollten doch zusammen auf den Spielplatz." Mein Herz setzte für einen Moment aus. Aber sie fuhr unbarmherzig fort: „Wenn Miriam nicht da ist, kannst du ja mitkommen. Die anderen Mütter freuen sich total, wenn auch mal ein Mann dabei ist." Ach nee!

Doch da fiel mir ein, dass meine Sozialkontakte gerade erkennbar auf den absoluten Gefrierpunkt zusteuerten. Ja, immer wenn ich von der Arbeit kam, lauerte mir meine Auserwählte schon auf, drückte mir auf der Türschwelle das puterrote, kreischende Kind in die Hand, rief befreit „Hurra" und verschwand sofort irgendwo im Haus. Und wenn ich dann das Balg drei Stunden lang bespielt, beruhigt und dekontaminiert hatte, klappte ich einfach zusammen. Selbst wenn ich Freunde hätte treffen wollen, mir fehlte jegliche Kraft dazu. Außerdem: Wer den ganzen Abend pseudofröhlich „Ja, wo ist denn der Papa?" gerufen hat, erlebt eine Hirnerweichung, die ohnehin jedes halbwegs gebildete Gespräch unmöglich macht.

Also hatte ich seit Monaten die vielfältigen Anfragen meiner Freunde nach einem Treffen abgelehnt. Anfangs noch mit den Worten: „Unser Kleines muss sich erst ein wenig ans Leben gewöhnen, aber bald haben wir wieder Zeit." Doch dann waren die ersten Wochenenden gekommen. Und meine Auserwählte und ich hatten voller Panik entdeckt, dass das Kind, dieser kräfteraubende Parasit, überhaupt nicht daran dachte, uns am Wochenende in Ruhe zu lassen. Ja, erst in diesem Moment realisierten wir wirklich: „Es bleibt jetzt immer bei uns! Warum nur?" Schluss mit der Entspannung. Ich meine: Ein wenig geschockt waren wir da schon. Die nachwachsende Generation musste uns doch mal eine Pause gönnen.

Natürlich würde jetzt bald Emily, unser Au-pair-Mädchen eintreffen. Aber was nutzte uns ein Babysitter, wenn wir viel zu geschwächt waren, um die Augen offen zu halten? Abgesehen davon waren alle Versuche, wieder mal Freunde zu treffen, bislang völlig in die Hose gegangen. Beim ersten Mal hatte unser Kind seine Finger am Frühstückstisch begeistert in Zuckerrüben-sirup getunkt und dann am Kaschmir-Pullover von Miriams Freundin abgewischt – und anschließend einen riesigen Mistkäfer aus Swarowski-Kristallen so auf einen Glastisch gedonnert, das beides zerbrach. Für die Wohnung dieses Paares war das – fand ich – insgesamt ein ästhetischer Gewinn, aber als wir sehr schnell aufbrachen, sagte keiner: „Bis bald!" Beim zweiten Mal hatten wir dann Freunde zu uns eingeladen. Als die nach vier Stunden frustriert wieder fuhren, war der Unterhaltungswert bei nullkommanull Minuten gewesen, weil das Kind leichtes Fieber und uns pausenlos auf Trab gehalten hatte. Toller Nachmittag.

„Gut", dachte ich, „dann gehe ich halt mit Jo-rinde auf den Spielplatz. Schlimmer als meine Auserwählte kann die gar nicht sein." War sie aber! Zumindest in Kombination mit dem Rest der Kinderwagen-Gang, dieser Mütter-Mafia. Kaum waren wir angekommen, begann eine echte Scheiß-Kommunikation. Ja, denn es ging ausschließlich um Häufchengrößen, A-a-Konsistenz und überquellende Öko-Windeln. Ernsthaft. Eine Matrone hielt sogar einen Vortrag über „Das Entfernen von Kotspuren auf dem Body". Doch das war nur das Vorspiel. Jetzt ging es erst richtig zur Sache: „Der eitrige und unzureichende Heilungsprozess von Dammrissen. Unter besonderer Berücksichtigung geplatzter Hämorriden". Für Peter wäre es das Paradies gewesen. Ich dagegen brüllte innerlich: „Contenance, meine Damen!". Aber es waren ja keine da. Nein, das hier, das war ein Treffen von Gebärheldinnen, die einander mit ihren Erinnerungen an die Wunden des Kreißsaals übertreffen wollten: Kriegs-Kind-Veteraninnen. Als sie dann anfingen, lässig das Thema „Ausfluss" zu diskutieren, rannte ich davon.

Musste aber noch mal zurück, weil ich das Kind vergessen hatte. Mist.

Ernährung

Vor einiger Zeit las ich in einem Interview mit einem klugen Biologen, dass das Dasein des Menschen letztlich auf drei banalen Grundbedürfnissen aufbaut. Und zwar auf den Begierden nach „Zucker, Fett und Sex". Das mag harsch klingen, ich finde aber, dass damit das Leben von Peter Ratgeber ziemlich treffend beschrieben ist.

Ich muss allerdings gestehen, dass ich auch zu der Sorte Mensch gehöre, die nicht in der Lage ist, eine Tafel Schokolade zu öffnen, ohne sie in kürzester Zeit zu vernichten. Happs und weg. Meine Auserwählte ist da ganz anders: Die sieht eine Tafel „Vollmilch-Karamell" („Mmh!") und nimmt sich ... ein Stück. Und Schluss. Ich meine: Das ist doch krank! Fast pervers. Ja, wenn ich diesem Biologen glauben darf, dann ist Miriam überhaupt kein Mensch. Nun: Tatsächlich gibt es noch mehr Indizien dafür, dass sie eine Außerirdische ist. Was ist zum Beispiel mit dem Sex? Also: der Begierde. Und wenn sie stillt, weiß ich auch, warum es „Milchstraße" heißt. Ich nehme an, meine Auserwählte wurde kurz nach ihrer

Geburt von einem UFO vergessen. Oder absichtlich zurückgelassen. Was mir wahrscheinlicher erscheint.

Jedenfalls hatten wir uns in den ersten Monaten nach der Geburt vor allem … praktisch ernährt: Pizza-Service, Mikrowelle, Sandwichtoaster, Fastfood oder Nudeln mit Ketchup. Hauptsache, es ging schnell. So schnell, dass wir einen Bissen runterwürgen konnten, bevor das Kind, dieser Dementor, wieder aufwachte. Das war also echte Fress-Kultur. Öde Cuisine. Fünf Sterne im „Guide de Clochards".

Bis eines Tages Moni, die Schwester meiner Auserwählten, zu Besuch kam. Eine Ökotrophologin. Apropos: Als Moni mir bei unserem Kennenlernen sagte – „Ich bin Ökotrophologin" – dachte ich zuerst, sie wäre Mitglied in einer Sekte. Bis ich erkannte, … dass Ernährungsberatung tatsächlich auf genau den gleichen Mustern aufbaut. Oh ja. Ich wünschte, Sie wären dabei gewesen. Obwohl: lieber nicht. Also, es war so: Mit einem fanatischen Glitzern in den Augen scannte meine Schwägerin unsere Speisekammer, schlug schrill kreischend wie ein Geigerzähler für ungesundes Essen an und verkündete anschließend, dass unser ganzes Leben ein einziger Irrtum sei. Weil wir uns verantwortungslos ernährten. Weil wir Schadstoffe in uns hineinstopften. Weil meine Auserwählte und ich eine postmoderne Form des Giftmülls seien. Wir gehörten entsorgt. Neutralisiert. Endgelagert. Wirklich. Hasserfüllt starrte Moni die bunten Verpackungen in ihrer Hand an, beschwor bei jedem Zusatzstoff die demnächst zu erwartenden Seuchen und warf das Essen dann verächtlich in die Mülltonne. „Äh, Moment mal …" Keine Chance, sie legte uns an die Nahrungskette.

Meine Auserwählte war ja vorher ernährungstechnisch gelassen gewesen. Bis Moni ihr klar machte, dass sich jedes Gift in der Muttermilch konzentriert, wir also unserem Kind das Schlechteste von allem weitergaben, was wir aßen. Ein tödliches Konzentrat. Wir wurden bleich – und fuhren direkt in den nächsten Bio-

Supermarkt. Und das war wirklich eine Begegnung der dritten Art. Ich meine: Die Kunden dort sahen alle aus wie Exponate aus dem Leder-Museum (in Offenbach!). Aber Moni erklärte uns, dass Schönheit ohnehin ein Zeichen für schnellen Tod sei. Beruhigend: Hauptsache gesund! Zudem durchströmte mich beim Betrachten der Regale eine neue Hoffnung: Mit diesem Zeug würde ich endlich abnehmen.

Tja, und dann füllte sich unser Jute-Einkaufskorb mit lauter Sachen, die mir schon vom Namen her den Appetit verdarben: Bärlauch-Plätzchen, Grünkern-Fladen und Holunder-Suppe. Und immer, wenn ich dachte, ich hätte was richtig Tolles gefunden, entpuppte es sich als Betrug. Die „Salami" war aus Brennnesselpampe, die „Bulette" aus aserbaidschanischem Taiga-Gras und das Wild-Gulasch aus Tofu. Wahrscheinlich freilaufendem. Ja, ist doch wahr. Warum schreiben die nicht ehrlich drauf „Schmeckt nach Kompost", sondern gaukeln einem vor, es wäre lecker? Ich meine: „Panierte Sellerie" beleidigt den Gaumen – auch wenn „Schnitzel" draufsteht. Wie dem auch sei: Seither ernähren wir uns bewusst. Bewusst widerwillig. Das Blöde daran ist, dass ich genau weiß: Wenn ich einmal, nur einmal heimlich zu Burger King fahre, sitzt da garantiert Peter Ratgeber und lacht sich tot. Also

bin ich jetzt öko aus Angst. Und habe Dienstrei-
sen ganz neu schätzen gelernt. Gott, tun die
gut.

Kirche

Als unser Kind fünf Monate alt war, fand ich, wir sollten es taufen lassen. So als himmlisches Rundum-sorglos-Paket. Ich meine: Ein deftiger Segen hat ja noch niemandem geschadet. Doch meine Auserwählte sträubte sich. Ja, sie war regelrecht wasserabweisend. Das konnte daran liegen, dass sie sich (seitdem sie mit Mütterhormonen überschwemmt war) ohnehin gegen alles verwehrte, was ich vorschlug – oder daran, dass sie früher in einer sehr frommen Jugendgruppe gewesen war, in der man bewusst die Erwachsenentaufe praktizierte. Wie dem auch sei: Sie wollte partout nicht einsehen, dass ich Recht hatte. Mal ganz was Neues!

Unverbesserlich, wie Männer sind, glaubte ich ernsthaft, ich könnte sie überzeugen. „Jedes Kind ist ein Zeichen dafür, dass Gott die Welt noch nicht aufgegeben hat", zitierte ich altklug und fügte mit sanfter Stimme an: „Es ist doch ein wunderschönes Ritual, wenn wir unserem Kind das Ja Gottes zu seinem Leben zusagen lassen." Schroff antwortete sie: „Das mach ich! Das reicht." „Mir ist die Taufe aber wichtig." „Mir nicht." Klasse. Wann bitte gibt endlich mal jemand eine Studie darüber in Auftrag, warum sich bei unterschiedlichen Meinungen in einer Beziehung immer ... (hören Sie: immer) die Frauen durchsetzen? Von wegen „schwaches Geschlecht". Dieses Xanthippen-Getue. Zickige Intoleranzen. Miriam ignorierte meine Meinung einfach. Als wäre ich nicht existent. Ließ sich aber herab zu sagen: „Den Leuten geht es doch gar nicht um Gott oder den Glauben. Die wollen nur ein fettes Familienfest. Bei so was machen wir nicht mit." Och, ich ... schon ... Nun, um nicht ganz blöd dazustehen, nuschelte ich: „Gut, wir können ja erst mal gucken, wie die Taufe bei Ratgebers läuft."

Das hätte ich nicht sagen sollen. Denn Anke und Peter gehörten inzwischen zu den Menschen, die alles 250-prozentig gestalteten. Und mir hätte klar sein müssen, dass die Taufe ihrer Kleinen nicht einfach eine Taufe werden würde, sondern eine „Mega-Baptizing-Show". Und das war noch untertrieben. So etwas hatte ich wirklich nicht erwartet.

Der Gottesdienst begann damit, dass vor der Tür parfümierte Zettel verteilt wurden, auf die jeder einen Segenswunsch für den Täufling, „das Gottesgeschenk", schreiben sollte. Drinnen spielte ein Balalaika-Orchester zur Begrüßung den Taufhit „Du bist gewollt, kein Kind des Zufalls", bevor ein 40-köpfiger Gospelchor „Danke für diesen guten Morgen" anstimmte – mit einem speziellen Tauftext, in schwächelndem Deutsch. Das Kind selbst trug ein wallendes Taufkleid mit endlos langer Schleppe, das durch sorgfältig neben dem Altar platzierte Schwarzlichtröhren weißer als weiß leuchtete. Quasi porentief rein. Wirklich, es war, als ginge ein Glanz von diesem Täufling aus. Ein Heiligenschein. Schon vor der Taufe. Starker Effekt! Dann kamen Schauspieler nach vorne und trugen klassische Gedichte und Bibeltexte vor – während die Pfarrerin ein bisschen verloren an der Seite stand. Das Glaubensbekenntnis wurde von einem Schwager gerappt, bevor vier Jungfrauen mit Schleiern (Wo hatten sie die bloß her? Also: die Jungfrauen) echtes Jordan-Wasser in einer Prozession hereinbrachten. Ja, das hatte Ankes Schwiegermutter bei einer Bildungsreise aus Israel rausgeschmuggelt.

Zum Glück gab es einen winzigen menschlichen Faktor in diesem Spektakel: den Täufling. Ich nehme an, bei Mädchen heißt das „die Täuflische" (mit „Ä", bitteschön). Die jedenfalls wachte auf, als die Fanfaren schmetterten. Und fing erbärmlich an zu schreien. Geil. Vor allem gelang es ihr, wutentbrannt den Blumenkranz vom Taufbecken zu reißen, woraufhin die Patin zurücksprang,

die mit einem Monet-Gemälde verzierte Tauf-
kerze umschmiss und eine Schwarzlichtröhre
zertrümmerte. Es war klasse. Denn jetzt flog die
Sicherung raus und alle standen im Dunkeln. Ich
meinte trotzdem, einen Hauch von Schadenfreude auf dem Gesicht der Pfarrerin zu entdecken.
Na, vielleicht war das auch nur eine Projektion.

Nach der Zeremonie gingen wir dann in den
Gemeindesaal, wo eifrige Helfer seit Tagen eine
unfassbare Tischdeko aufgebaut hatten. Neo-Ro-
koko. Meine Auserwählte warf mir natürlich diesen „Na-wer-hat-Recht"-Blick zu, den jeder
Mann verabscheut. Gut, Gott hatte bei dieser Fei-
er tatsächlich nicht allein im Mittelpunkt gestanden. Trotzdem war das Übergießen des Täuflings
ein heiliger Moment gewesen. Ehrlich. Da fiel
mir ein: Moment mal! Ich bin doch selbst Pfarrer.
Und wir haben einen Pool. Miriam muss das ja
gar nicht merken. Hey …

Eltern

Nach sechs Monaten „Elternhaft" hatten wir endgültig verstanden, warum Schlafentzug laut Genfer Konventionen zu den grausamsten aller Foltermethoden gehört. Wir waren am Ende. Ja, wir fühlten uns wie gerädert. Ausgelaugt. Zerbrochen. Und kein Licht am Horizont. Tatsache ist: Wir wären jetzt bereit gewesen, alles zu gestehen – aber niemand wollte mehr etwas von uns wissen. Wir besaßen ja auch keine Energiereserven mehr, um noch nach außen zu kommunizieren. Geschweige denn unser eigenes Miteinander auf die Reihe zu kriegen. Seit der Geburt unseres Kindes waren wir nicht mehr im Kino gewesen, partnerschaftliche Zweisamkeit gab es selbst in unserer Fantasie kaum noch – und meine Auserwählte war zudem der festen Überzeugung, dass wir unseren „Zwerg" auf keinen Fall mit einem anderen Menschen alleinlassen konnten.

In der tiefsten Not wagte ich dann doch, das Unaussprechliche zu artikulieren: „Wollen wir nicht mal meine Mutter fragen?" Da schrie Miriam auf. Bestürzt. Panik im Blick. „Dass die nicht mit Kindern umgehen kann, sieht man doch an dir. Wahrscheinlich lässt sie ihren Enkel direkt vom Wickeltisch fallen. So wie dich damals." Was? Wie kam sie denn darauf? Ich jedenfalls kannte eine derartige Geschichte nicht. Aber vielleicht waren das ja die Spätfolgen. Nein, ich bin ganz sicher nicht vom Wickeltisch gefallen. Und wenn doch, dann sicherlich nur aufgrund böser Vorahnungen.

BEVOR WIR DIE KINDER BEKOMMEN HABEN, HAT DEINE MUTTER OFT GEFRAGT: „WANN SCHENKT IHR MIR EINEN ENKEL?" ICH FINDE WIR SOLLTEN IHR DIESEN WUNSCH JETZT ERFÜLLEN!

THEES

Meine Auserwählte fing plötzlich an zu weinen. „Außerdem hat deine Mutter im letzten halben Jahr nicht einmal angeboten, uns zu helfen. Hörst du: nicht einmal! Ich glaube, sie verachtet mich. Sie hält mich für nicht gut genug. Natürlich. Die alte Geschichte: Ich habe ihr den Sohn weggenommen. Dich, den Ödipus."

Das hielt ich für ein wenig drastisch. Aber nachdenklich machte es mich doch. Tatsache war: Wenn meine exaltierte Mutter uns besuchte, dann erzählte sie stundenlang, was gerade ihr Leben bewegte (Sie leidet ein wenig unter „verbaler Inkontinenz."), nahm glückselig ihr „Enkelchen" auf den Arm und brachte fürchterlich hässliche Spielsachen mit – aber bot uns nie an, uns zu unterstützen. Hatte Miriam Recht? Gab es da eine unausgesprochene Rivalität zweier um mich buhlender Frauen? Mutter gegen Schwiegertochter? Also: Das fühlte sich gar nicht so schlecht an. Doch was nun? Sollte ich vielleicht ein großes Schlamm-Catchen organisieren, um die Sache ein für alle Mal zu klären? Die Vorstellung erheiterte mich. Dann aber kam die Wut. Was erlaubte meine Mutter sich eigentlich? Wenn sie mich wirklich liebte, dann würde sie meine Auserwählte nicht nur akzeptieren, sondern gerne als Sklavin oder Leibeigene für unsere kleine Familie zur Verfügung stehen. Wie eiskalt war diese Frau eigentlich?

Ich erhob mich. Spannte meine Muskeln an. Zog die Hose hoch. Setzte einen Schwarzenegger-Blick auf und sagte: „Süße. Ich bring das in Ordnung." Dann nahm ich mit einer martialischen Bewegung den Telefonhörer in die Hand und rief meine Mutter an. Hasta la vista! Kaum war sie dran, zischte ich: „Ich bin's! Wir bräuchten dringend deine Hilfe, und du ..." Mit einer Stimme wie in „Spiel mir das Lied vom Tod."

WAS HEISST HIER: „HÖR AUF, DICH SO SCHLECHT ZU BENEHMEN!"? MEINEN SOHN MÖCHTE ICH GERNE SELBST ERZIEHEN, MUTTER!

ICH MEINTE DICH!

THEES

Meine Mutter aber jubelte auf: „Ach, ich bin so froh, dass ihr endlich fragt. So froh. Ist das schön. Ein Glückstag für mich. Ich würde am liebsten sofort kommen. Wisst ihr, weil meine Schwiegermutter sich damals derart unappetit-

lich in unser Leben gedrängt hat, hatte ich Angst, euch auch zu nahe zu treten. Euch zu bedrängen. Stellt euch vor, die Oma forderte damals tatsächlich, ich solle nach der Geburt gefälligst nur noch Faltenröcke tragen, meinen Beruf aufgeben und die Erziehung des Enkels am besten ihr überlassen. Weil ich dazu unfähig sei. Wirklich, das waren ihre Worte. Und so eine blöde Schwiegermutter wollte ich auf keinen Fall werden. Sagt mir einfach, was ich tun kann, und ich bin da …"
Oh.

Am nächsten Abend gingen meine Auserwählte und ich schick essen. Mexikanisch. Wie bei unserem ersten Rendezvous. Und das Kind schlief tief und fest. Das Leben hatte uns zurück. Zumindest ein wenig.

Glücksmomente

Verrückt ist: Irgendwann akzeptiert man als Eltern, dass in einem Leben mit Kindern letztlich immer Ausnahmezustand herrscht. Ewige Alarmbereitschaft. Dauerhaftes Fahren auf Reserve. Und man entdeckt, dass ein Mensch mit erstaunlich wenig Schlaf dahinvegetieren kann. Ja, er muss nur wollen. Voilà, so gehen die Monate ins Land. Die Jahre. Die Äonen. Die Zeit rast dahin, und irgendwann ertappt man sich dabei, dass man so unfassbare Sätze absondert wie: „Am Anfang war es schlimm. Aber jetzt wird es spürbar besser."

So ein Quatsch. Das ist eine Lüge. Gut, eine Notlüge. Tatsache ist: Es wird nicht besser, der Körper gewöhnt sich nur an die unermesslichen Strapazen. Man härtet ab und wird schmerzunempfindlicher. Und wenn er dann Gaffer oder Schaulustige trifft, schwärmt jemand wie Peter ganz selbstverständlich – wie es von ihm erwartet wird: „Ein Kind ist so etwas Wundervolles. Eideidei. Also: Wer keine Kinder hat, der weiß gar nicht, was er verpasst. Unser Dasein hat sich völlig verändert, seit

Schakeline da ist." Na, das kann man wohl sagen!

Andererseits: Es stimmt natürlich. So ein Fratz ist schon irre niedlich. Zumindest nach dem Wickeln. Ein Sonnenscheinchen, mit dessen Hilfe man das Leben noch mal ganz neu entdeckt. Und dann jubeln Mütter und Väter beseelt: „Hey, dieser kleine Brüllaffe ist ein Stück von mir. Etwas von mir, das bleibt. Und guck doch mal, wie süß er lacht, wenn er ein Kilo Reis in der Wohnung verteilt hat. Wenn ich unser Kind sehe, kann ich sogar neu glauben, dass es einen liebevollen Gott gibt." Wirklich: Schauen sie sich die glitzernden Augen junger Eltern an. Diese leuchtenden Punkte in den ausgemergelten Gesichtern. Das ist Begeisterung pur. Baby-Ekstase. Verzückung in Reinkultur. Oder kurz: Glück.

Ich persönlich vermute hinter dieser eigenartigen Euphorie übrigens das Stockholm-Syndrom. Das kennen Sie vielleicht: Opfer von Entführungen bauen oftmals ein positives Verhältnis zu ihren Peinigern auf. Ja, sie sympathisieren mit den Entführern oder verlieben sich sogar in sie. Warum? Ich zitiere einen unbedeutenden Wissenschaftler: „Der maximale Kontrollverlust bei einer Geiselnahme ist nur schwer zu verkraften. Er wird aber erträglicher, wenn sich das Opfer einredet, das Ganze sei auch sein Wille." Na? das ist es doch! Genau das: Die von ihren Kindern in Geiselhaft genommenen Erzeuger können gar nicht anders, als sich glücklich zu fühlen. Weil sie nur so die Verzweiflung ertragen. Autosuggestion! Echt, das macht das Gehirn aus Selbstschutz. Klarer Beweis dafür: Hirnlose lieben ihre Kinder ja nicht. Mann! Ich bin von dieser Erkenntnis selbst ganz bewegt: Wir lieben unsere Kleinen nur, um sie aushalten zu können. Wahnsinn. Ich meine: Dass hinter der überbordenden Elternliebe das Stockholm-Syndrom steckt, ist ja wohl eine der wichtigsten Entdeckungen der modernen Psychologie. Augenblick mal! Stockholm. Werden da nicht auch die Nobelpreise verliehen?

Jedenfalls begreife ich jetzt, warum Eltern so grenzenlos belastbar sind: Stockholm-Syndrom. Ein raffinierter Schachzug unserer Seele. Um das Grauen in Glück zu verwandeln. Schließlich erleben Papis und Mamis ja wahrhaft schreckliche Dinge, die sie nie für möglich gehalten hätten. Wirklich! Sie besuchen zum Beispiel selbstorganisierte Basare für ausgebleichte Babykleidung, die an Slums in Kalkutta erinnern, sie robben wie riesige Silberfische am Boden rum, um ihre Brut zu erfreuen, oder gehen freiwillig um acht ins Bett (falls der Folterknecht sie ausnahmsweise mal lässt). Ja, sie zwingen sich sogar in bestialisch schlechte Kindertheater, in denen nicht nur der Räuber Hotzenplotz, sondern auch Kasper und Seppel voll debil über die Bühne eiern, oder in denen Lars, der hoffentlich bald ausgestorbene Eisbär, achtmal in tiefstem Hessisch blubbert: „Kindä, ihr därft misch uff kainen Fall an die Schliddenhunde verrade. Isch värsteck misch jetz hintä dem Hüschel da." Da möchte man am liebsten aufstehen und rufen: „Jungs, er ist hinten links. Macht dem Trauerspiel ein Ende!"

Aber dazu kommt es meist nicht, weil schon wieder Pause ist, und der Popcorn-Verkäufer an die niederen Instinkte seines minderjährigen Publikums appelliert. Leider mit Erfolg. „Papa, alle kriegen ein Eis, nur ich nicht." Sinnvoll wäre jetzt zu antworten: „Du hattest schon drei Eis! Zwei Tüten Popcorn. Und einen Lolly." Machen wir aber nicht. Aus Liebe. So ist das mit dem Stockholm-Syndrom.

Beruf

Warum engagieren sich Menschen eigentlich
so in ihrem Beruf? Warum quälen sie sich im
Morgengrauen von ihren vollgeschwitzten Fe-
dernkernmatratzen, lassen sich in ungastlichen,
neonröhrenverstrahlten Räumen bis aufs Mark
von nebulösen „Pflichten" aussaugen, und kommen spätabends so zerschlagen nach Hause, dass
ihre Kraft gerade noch reicht, um die Fernbedie-
nung zu halten? Getreu dem Motto: lieber Sitz-
gruppe als Gruppensitzung. Ich frage mich wirklich: Was ist los mit uns verwirrten „Workaholics",
die wir unser Wochenende und unseren Urlaub
nur als Chance verstehen, wieder fit für das
nächste „Projekt" zu werden?

Apropos: Kennen Sie die abgefeimteste Lüge
des gesamten Universums? Sie lautet: „Mein
Schatz, nach diesem Projekt wird es wesentlich
ruhiger!" Was für eine Räuberpistole! Eine Fata

Morgana verblendeter Sehnsucht. Ja, ich bin bereit, denjenigen horrende Boni zu zahlen, deren Arbeitsstress mit Beendigung eines „Projektes" wirklich vorbei gewesen wäre. Das passiert nämlich nie. Ist ja auch logisch: Wenn die zermürbende Aufgabe erfolgreich beendet wurde, bekommt man sofort noch mehr Verantwortung aufgebürdet – was auch mehr Stress bedeutet. Und wenn das Ganze ein Flop war, hat man den Stress, sich einen neuen Job suchen zu müssen. Also, liebe Partnerinnen und Partner! Wenn ihr Süßholzraspler mal wieder schleimt: „Nach diesem Projekt habe ich ganz viel Zeit für dich", dann rammen Sie ihm direkt ein Nudelholz zwischen die Kiemen. Dann wird er wenigstens krankgeschrieben und muss daheim bleiben. Das erklärt für mich übrigens auch die massive Zunahme häuslicher Gewalt.

Nach einer anderen Theorie sind es allerdings gerade die abartigen Zustände zuhause, die Menschen dazu bringen, sich dermaßen in die Arbeit zu stürzen. Für die ist Malochen so eine Art Verdrängung, Ergotherapie im wahrsten Sinn des Wortes, Stress als Kompensation. Klar: Wer keine Familie hat, versucht im Büro, dem Schweigen der „Lämmer" zu entkommen, und wer eine Familie hat, versucht der Familie zu entkommen. Das Blöde dabei ist: Wer vor etwas davonläuft, kommt ja nie an. Außerdem gilt: Natürlich kann man sich mit Arbeit so volldröhnen, dass man keine Zeit mehr hat, sich den Fragen nach dem Sinn des Lebens zu stellen, aber irgendwann durchdringen diese ontologischen Quälgeister selbst die dicksten Schutzschichten, grinsen einen schelmisch an und kichern: „Na? Was machst du so aus deinem Leben?" Und dann stottert man Boris-Becker-artig (Sie erinnern sich – der „Kammerjäger"): „Äh … ich? Äh … ich weiß nur, was ich nicht will." „Arme Sau."

Nun gibt es natürlich auch diejenigen, die sich jetzt beim Lesen dieser Seite entspannt nach hinten lehnen, lässig den Wellness-Kaugummi von der linken in die rechte Backentasche schieben und feixend verkünden: „Ich hab überhaupt keinen Stress. Ich sorge dafür, dass meine Familie genug zu kauen hat, ansonsten ist mein Job ein notwendiges Übel. Darum hab ich ja auch die Pausen lieber als die blöden Phasen dazwischen." Nun. „Jedem nach seiner Fassong", wie der Hesse sagt. Aber was sich hier nach dem Klischee einer ganz normalen Beamtenexistenz anhört, ist natürlich ein Offenbarungseid. Man kann doch nicht ernsthaft ein Drittel seiner Lebenszeit als Totalverlust verbuchen? Als Siechtum? Bitte nicht!

Tja, und da steht man nun in der Blüte seines Lebens. Der Keller ist immer noch feucht, der „Schlumpf" im Schlafzimmer neurotisch, die Kinder omnipräsent und die Schwiegermutter gereizt. Wie, bitte schön, soll man sich da selbst verwirklichen? Und hat das wirklich was mit dem Beruf zu tun? Nun: Über all diese Herausforderungen würde man gerne intensiv nachdenken – wenn man nicht so müde wäre. Und der Wecker klingelt gleich wieder.

50:50

Als Emily, das vollblonde Aupair-Mädchen aus Schweden, eintraf, standen wir schon in den Startlöchern. Endlich würden meine Auserwählte und ich wieder mit ganzer Hingabe in den Beruf einsteigen können – während Emily unserem Kind liebevoll schwedische Volksweisen beibrachte (in denen sicher etwas von den gefrorenen Fjorden und den Brunftschreien der Elche wiederhallte), während sie schwedische Spezialitäten kochte (Erst später wurde uns bewusst, dass es so etwas gar nicht gibt.) und während sie dem Hosenmatz Sprechen, Laufen und die Grundlagen der Quantenmechanik beibrachte (wobei wir erst noch verdauen mussten, dass Emilys Akzent eher nach Klingonen klang als nach einem zivilisierten Erdenvolk).

Tja, wir hatten uns das alles so schön vorgestellt. Aber Pustekuchen. Zumindest am Anfang. Emily hatte ein solches Heimweh, dass nur die sofortige Notaufnahme bei schwedischen Exilanten, nämlich bei IKEA, ihre Rentiertränen trocknen konnte. Ernsthaft! Wir mussten mit ihr eine „IKEA-Shop-Therapie" machen. Dummerweise verliebte sie sich dort in einen Jüngling namens Hans-Jürgen (kurz: Ha-Jü; klang auf Schwedisch wie „Hö-Jö"), so dass sie auch nicht wieder zurück konnte. Na toll! Denn anstatt Ha-Jü ihre Gefühle zu gestehen, schüttete sie uns ihr Herz aus. Sprich: Wir hatten zwei jammernde Geschöpfe zuhause.

Doch nach und nach wurde es besser. Hans-Jürgen schrieb sich in der Volkshochschule für einen Schwedisch-Kurs ein, Emily holte sich eine IKEA-Family-Card – und Miriam erhielt tatsächlich eine „Arbeitserlaubnis" für Südhessen. Jetzt aber! „Welt, du hast uns wieder." Nun konnten wir in aller Ruhe berufliche Erfüllung finden.

Vor allem, weil wir als zukunftsorientiertes Paar beschlossen hatten, beide halbtags zu arbeiten. Eine echte Fifty-fifty-Ehe. Gleiche Chancen für alle. Ha, wir waren viel cooler als Ratgebers. Ja, Peter hatte Anke kategorisch erklärt, in seinem Job würde man nur ganztags ernst genommen. Schließlich könne er ja schlecht nach einer halben Geschlechtsumwandlung nach Hause gehen („Die andere Hälfte entferne ich morgen"). Außerdem würde er viel mehr verdienen als sie – und: Seine Arbeit sei für die Welt an sich wertvoller als ihre. Nun, das waren Sätze aus einer Neandertaler-Kultur, für die meine Auserwählte mir direkt die Bremsschläuche am Auto durchtrennt hätte. Aber Anke war zu geschwächt, um ihren Mann zu beseitigen. Also fügte sie sich. Und rief täglich bei uns an, damit wir sie trösteten.

Ich muss schon sagen: Das mit unserem Fifty-fifty-Konzept ging sehr gut. Also: etwa drei Wochen lang. Dann knallte es so unglaublich, dass ich heute noch ein Pfeifen in den Ohren habe – meine Auserwählte als Tinni-Tuss. Jedenfalls stand sie eines Abends puterrot in der Tür und sprang wie Rumpelstilzchen umher: „So nicht, mein Lieber! Kapiert? („Äh, was denn?") Andauernd überziehst du dein Zeitkonto. Auf meine Kosten. Hörst du mich, du Hirn-Pygmäe? Du legst Termine in meine Arbeitszeit. Und bei jedem Scheiß mit dem Kind bin ich es, die einspringen muss. Wer geht denn zum Kinderarzt? Und wer bleibt zuhause, wenn das Kleine krank ist? Hä? Wer? Klär das – oder die Sache mit dem Sex hat sich erledigt."

Das Verrückte ist: Sie sprach mir aus der Seele. Nur hatte ich das Gefühl, dass ich derjenige war, der andauernd Kompromisse einging. Ja, ich arbeitete doch mit angezogener Handbremse, weil ich pausenlos von irgendwas rausgerissen wurde. Ich war das Opfer des brutalen Family-Mobbings. Blöde Zicke! Wahrscheinlich hatte ihre Mutter sie aufgehetzt! Tatsache ist: Dunkle Schatten zogen durch unser Haus, und die Fronten waren verhärtet. Oh ja.

Diese „Eiszeit" kam übrigens am 13. Dezember. Ich weiß das so genau, weil wir an dem Abend in klirrendes Schweigen gehüllt nebeneinander einschliefen. Doch dann! Mitten in der Nacht schreckte ich hoch. Drei Uhr! Aus dem Alptraum gerissen. Ein gellender Schrei entrang sich meiner Kehle: „Ah!" Was war das? Durch unsere Zimmer schwebte ein wirres Geschöpf. Mit einer Lichterkrone. Es sang irgendwas Dämonisches, das auch ein Fluch sein konnte, und entschwand dann wieder.

Verstört klammerten Miriam und ich uns aneinander fest. Und schworen, dass wir von nun an zusammenhalten würden. Was wir gleich körperlich besiegelten. Also: Wir reichten uns die Hand.

Nun: Emily fragte am Morgen fröhlich, wie uns denn ihr Auftritt gefallen habe. Ein schwedischer Brauch. Lucia-Nacht. „Toll, oder?"

Job

Da standen wir also – in einem langen grauen Gang mit dem Charme eines Gefängnisflurs. Und überlegten ängstlich, ob wir nicht lieber umkehren sollten. Doch beworben hatten wir uns ja nun – auf eine gemeinsame Stelle. Also mussten wir auch zum Vorstellungsgespräch. Zärtlich flüsterte ich meiner Auserwählten ins Ohr: „Sag du nichts, dann haben wir eine reelle Chance, dass sie uns nehmen." Leider schlug sie direkt zu, so dass ich den Raum mit einer gebrochenen Rippe betreten musste. Humorloses Stück.

In dem liebevoll heruntergekommenen Zimmer saß eine Gruppe von Menschen, die mich stark an ein Inquisitionskomitee erinnerte – nur guckten sie nicht ganz so freundlich. Sprich: Ich fühlte mich wie bei „Deutschland sucht den Superstar" mit fünf Dieter Bohlen. Das Jüngste Gericht in Beta-Version. Na, zum Glück hatte uns Peter intensiv auf dieses Gespräch vorbereitet – „gecoacht", wie er das nannte (obwohl er immer „gecoucht" sagte, was ich bei ihm für einen absoluten freudschen Versprecher halte). Seitdem

bezeichnete ich ihn heimlich als „Spinn-Doktor".
Auch, weil ich bis heute an ihm keine einzige Ei-
genschaft entdeckt habe, die ihn zu dieser bera-
tenden Tätigkeit qualifizieren würde. Egal.

Peter hatte uns den unschlagbaren Rat gegeben: „Ihr müsst euch diese Leute einfach in Unterhose vorstellen, dann verlieren selbst die
schlimmsten Vorgesetzten ihre Autorität." Bitteschön. Ich fing mit einer ziemlich dicken wasser-
stoffblonden Matrone auf der rechten Seite an,
bekam spontan einen Würgereflex – und hatte
jetzt mehr Angst vor ihr als je zuvor. Würde mir
dieses Schlachtschiff in Unterhose begegnen,
wäre das entweder eine Nahtoderfahrung oder
ein grausames Notzuchtverbrechen. Mein Hals
wurde ganz trocken. In mir dröhnte es: „Reiß
dich zusammen!" Auch so ein toller Tipp von
Peter. Gut, ich riss mich also.

„Wollen Sie uns nicht erst mal ein bisschen
von sich erzählen?", fragte der Vorsitzende der
Kommission. Ich wollte natürlich nicht. Aber
ich musste. Dabei stand in „Kleines ABC der Be-
werbungen", dass man sich dabei total reinreiten
konnte. Fiese Falle. Und das wusste diese Perso-
nal-Ratte ganz genau. Und wie: Man plaudert
einfach so dahin – und kommt genau dadurch
in Teufels Küche. Denn natürlich wird jedes Wort
auf die Goldwaage gelegt. Und die ist sicher noch

manipuliert. Oh Gott! Mein Adrenalin sammelte sich spürbar in den Achselhöhlen. Was tun? Schließlich soll man ja absolut überzeugt von sich sein, ohne als arroganter Sack daherzukommen, man soll kompetent seine Fähigkeiten präsentieren, ohne wie ein Fachidiot zu wirken – und man soll gleichzeitig durchsetzungsfähig und sehr sympathisch auftreten. „Da müsst ihr halt lügen", hatte Peter ohne jedes Augenzwinkern verkündet. „Tut so, als ob ihr nett wärt. It's Showtime!" Wer solche Freunde hat, braucht keine Feinde.

In diesem Moment gab mir meine Auserwählte einen derben Stoß mit dem Ellenbogen,

SIE SIND DER BESTE BEWERBER! ABER WIR VERMISSEN AN IHNEN DIE LEIDENSCHAFT FÜR UNSERE PRODUKTE!

THEES

der mich fast vom Stuhl fegte, aber wohl die Aufforderung war, anzufangen. Panisch versuchte ich, mich an all die klugen Einstiege zu erinnern, die ich auf Peters Anraten vorher auswendig gelernt hatte. Wie war das noch? Von meinen bisherigen Erfolgen „im Sakral-Business" wollte ich schwärmen, von meiner brillanten Teamfähigkeit, die nur von meiner exorbitanten Leitungskompetenz übertroffen wurde, von meiner unstillbaren Sehnsucht nach Überstunden, meiner Disziplin, meinen acht Fremdsprachen und meiner unermesslichen Eloquenz. Leider war die gerade auf Urlaub. Wahrscheinlich zusammen mit den Einstiegen.

Ich atmete einmal tief durch, dann improvisierte ich: „Ich würde gerne mehr mit meiner Frau zusammenarbeiten. Wir ergänzen uns, motivieren einander und können dadurch unglaublich viel bewegen. Darum sind wir hier. Weil diese Stelle uns die Möglichkeit gibt, miteinander etwas aufzubauen. Und weil unsere Freude anderen zugutekommt." Der Personalknilch grinste. Upps! Und meine Auserwählte verschluckte sich fast vor Schreck. Dann blieb ihr nichts anderes übrig, als auf den Zug aufzuspringen. Irgendwann wagte ich einen Witz … fiel vor Angst in ein schwarzes Loch … doch dann: Sie lachten. Super. Denn damit hatte ich ja Waghalsigkeit demonstriert. Ein Rohrkrepierer hätte dagegen das Ende bedeutet: „Danke!"

Abends riefen wir Ratgebers an. Wir hatten die Stelle. Hurra! Gut, nur weil wir Peters „Couching"-Tipps konsequent missachtet hatten. Aber das mussten wir ihm ja nicht sagen.

Karriere

Männer werden hellhörig, wenn ihre Frauen (so nebenbei) beim Grillen oder in der Sauna sagen: „Du-hu, ich hab da beim Juwelier was ganz Hübsches gesehen. Mit Brillanten." Oder: „Mensch, unsere Nachbarn haben schon wieder ein neues Auto. Schick, gell?" Oder: „Komisch, ich hab gar nichts mehr anzuziehen." „Hä!", denkt er. „Bist du blind? Was quillt denn da aus allen Schränken wie Eingeweide? Diese Stoffmassen, mit denen man halb Afrika einkleiden könnte und die mir fröhlich vorgaukeln, ich hätte einen Harem?" Apropos Harem: Von mir aus kann meine Auserwählte gerne nackt rumlaufen. Doch die geheime Botschaft hinter solchen Spitzen lautet natürlich: „Bring mehr Geld heim, du mieser Jäger und Sammler!"

Und tatsächlich: Der Blick auf unser Konto war wie ein Stich ins Herz. Einfach nur ein tiefer Schmerz, gefolgt von einer melancholischen Traurigkeit, die direkt in die Depression abrutschte. Nichts. Gähnende Leere. Und auch keine Aussicht auf Besserung. Schließlich war das Haus noch nicht abbezahlt, die Haftpflichtversicherung kostete mehr, als ich jemals mutwillig zerstören konnte, und der letzte Winter hatte mir heizkostenmäßig richtig Lust auf die Klimakatastrophe gemacht. Also musste etwas passieren. Und als Mann der Tat machte ich genau das Richtige: Ich gab noch mehr Geld aus. Für ein Motivations-Seminar. Tschaka!

Nun, es war der Hammer: Der von Peter empfohlene Motivations-Guru hatte milchschokoladige Höhensonnenbräune, grinste acht Stunden lang, als hätte jemand seine Mundwinkel leicht schräg festgetackert und schien vor lauter Energie demnächst zu platzen. Ein Michelin-Männchen im Armani-Anzug, das in Südamerika sofort als neuer Diktator gewählt worden wäre. Trotzdem packten mich seine ungestümen Worte: Natürlich. Der hatte Recht. In jedem von uns steckt etwas Besonderes. Traumhafte Möglichkeiten. Sprich: Es liegt eigentlich nur an uns, ob wir Karriere machen oder nicht. Ob wir die Komfortzone unseres Daseins verlassen oder uns mit Trostlosigkeit zufrieden geben. Und der entscheidende Unterschied dabei ist: die Motivation. Tschaka! Motivierte Menschen verändern die Welt. Wie ich! Der südafrikanische Despot sah jetzt aus wie ein Heilsprophet: „Der Himmel steht euch offen. Ihr werdet Einfluss haben. Reich werden. Und glücklich. Wenn ihr nur an euch glaubt." Sonor und einen Hauch esoterisch rutschten die Worte in mein Ohr: „Wenn du nur an dich glaubst!"

„Ich glaube!" Dann standen wir mit 600 Motivationssüchtigen in dieser Halle, und jeder brüllte mit ausgestreckten Armen: „Ich bin der Beste!" („Ich kann euch nicht hören!") „Ich bin der Beste!", Wow, da war Power im Saal. Pulsierende Kraft. So ähnlich muss das damals gewesen sein, als Joseph Goebbels fragte: „Wollt ihr den totalen Krieg?" Ekstase pur. Wahnsinn. Ich beobachtete aus den Augenwinkeln die 599 Orang-Utans um mich herum, die alle brüllten: „Ich bin der Beste!", und dachte spontan: Mathematisch bekommt ihr da aber ein Problem. Egal. Das Glitzern in den Augen der Bürohengste war die Seminargebühr allemal wert. Aufgestachelt fuhr ich nach Haus. Und fühlte mich wie Michael Schumacher vor dem sechsten WM-Titel. Wrummm! Ich bin der Beste! Dummerweise wurde ich geblitzt. Blöd.

Das war also geklärt. Ich würde Karriere machen. Die Erfolgsleiter nach oben steigen. Maßlos Geld nach Hause bringen. Und schon der erste Besuch bei unserem Personalmanager war der Knaller: „Oh ja", sagte er, „Sie haben das Zeug zu Höherem. Wenn Sie wollen, dann schauen wir gleich mal, welche größeren Herausforderungen wir für Sie finden. Das heißt natürlich, dass Sie wesentlich mehr arbeiten müssen. Aber ich hab da schon so einige Ideen. Sie könnten zum Beispiel abends zusätzlich im Außendienst unterwegs sein. Und am Wochenende zu Kongressen fahren. Da sammeln Sie wertvolle Erfahrungen – und wenn nächstes Jahr was im mittleren Management frei wird, sind Sie unser Kandidat." Hey!

Ich brachte meiner Auserwählten einen riesigen Strauß Rosen mit – woraufhin sie fragte: „Was hast du ausgefressen?" Frauen. Aber ich zog sie aus dem Haus und erklärte ihr beim Italiener begeistert, was auf uns wartete: Geld, Erfolg, Einfluss. „Na, und?" Nun: Es gibt auch De-Motivationstrainer. Denn sie zischte: „Vergiss es!" „Wieso?" „Weil du dann noch mehr weg bist. Was ich zum Kotzen finde. Mein Mann ist mir wichtiger als das Geld." Ich wollte protestieren, doch sie küsste mich stumm. Fieser Trick. Klappt nämlich immer.

Berufsverkehr

Peter rief mich auf dem Handy an: „Hey, nenn mir einen Ort, an dem man gleichzeitig sitzt und steht! Na? – Richtig: im Stau! Ha ha." Sein Lachen ließ fast mein Trommelfell platzen. „Lustig, oder?" Nein. Überhaupt nicht. Ganz im Gegenteil. Ich hätte am liebsten vor Wut meine morgendlichen Fitness-Flocken erbrochen oder ins Steuerrad gebissen. Denn ich steckte gerade mittendrin. Im Stau. Oder stand. Oder saß. Egal. Es war schließlich jeden Tag der gleiche Mist: Vor mir eine qualmende Blechkolonne, die sich einfach nicht bewegte. Absoluter Stillstand des Seins. Als hätte jemand die Zeit angehalten. Sch … rott. Dieser verfluchte Berufsverkehr! (Also nicht „Prostituierte", sondern Pendler. Macht aber letztlich kaum einen Unterschied.) Konnten diese behämmerten Aborigines vor mir nicht einfach woanders jobben? Oder zu einer anderen Zeit? Wieso standen die mir alle im Weg rum? Mir, dem Helden der Arbeit, der als Einziger das moralische Recht hatte, diese Straße zu benutzen?

Ich meine: Ich hatte dem ÖPNV, also dem „Öffentlichen Personen-Nahverkehr" (tut mir

leid, das klingt schon wieder so anzüglich, irgendwie nach Sex im Freien) eine absolut faire
Chance gegeben. Eine Woche lang war ich im
Frühtau zu Berge bei Wind und Wetter in einen
verrußten Bus eingestiegen, in dem laut Angaben
62 Stehplätze für Menschen existierten, aber gefühlte 420 transpirierende Nilpferde zusammen-
gepfercht waren. Ein Realität gewordener Alb-
traum. Ich weiß noch: Irgendwann geriet meine
Nase in dem animalischen Durcheinander in
eine dunkel behaarte Achselhöhle und wurde direkt verätzt. Puff. Ja, das war ein olfaktorischer
Schock, den ich bis heute nicht überwunden
habe. Eine Mischung aus Moschusochse, Leber-
tran, Nagellackentferner und Düngemittel. Ich
glaube, fast mein gesamtes Geruchszentrum ist
seither zerstört.

Aber auch mein Traum, im Bus in Ruhe die
Zeitung lesen zu können, entpuppte sich natürlich als Utopie, weil zwischen die menschliche
Kuriositätensammlung kein Blatt Papier mehr
gepasst hätte. Und als Krönung dieser Höllen-
fahrten meldete sich an jeder Haltestelle in der
äußerst hinteren Ecke des Busses ein Volldepp
mit den wirklichkeitsfremden Worten: „Ich muss
hier raus." Was? Dann spring doch aus dem
Fenster, du Träumer! Wollte er aber nicht. Nein,
er wollte sich durch die feuchtbiotopische Masse

zwängen, zu der wir inzwischen zusammenge-
backen waren. Wie Aale in einem Topf. Eine
grässliche Erfahrung. Denn wir hatten ja gar keinen Platz, an den wir hätten ausweichen können.
Und ich behaupte: Es wäre bei diesen Quet-
schungen wahrscheinlich regelmäßig zu gewalt-
tätigen Auseinandersetzungen gekommen –
wenn man hätte ausholen können. Ging aber
nicht. Zum Glück. Dafür wurde umso mehr ge-
flucht: „Ey! Pass auf, ich hau dich Krankenhaus."
Und einige der Drängelheinis genossen es sicht-
lich, ihre Extremitäten an drallen Frauen zu rei-
ben: „Sorry, ist halt so voll." Wahrscheinlich
zeigte sich darin eine echt postmoderne Perver-
sion: Flüssigkeitsaustausch beim Durchlavieren.
Ich sag's ja: Öffentlicher Personen-Nahverkehr.

Das Schlimmste aber war: Unser „Bus des
Grauens" kam just an den Tagen, an denen ich

einen dringenden Termin hatte, drei Minuten zu spät am Bahnhof an. Oh ja: Genau die drei Minuten, die ich gebraucht hätte, um die S-Bahn zu erwischen. Super! Das führte dazu, dass ich mir am Bahnhof 20 Minuten lang die Füße abfror, den Verfall der deutschen Sprache beim Mithören sinnfreier Handy-Telefonate zu spüren bekam („Du ich bin jetzt am Bahnhof. Ja, ich gehe jetzt zum Mülleimer. Und dann weiter nach links. – Nee, du heute Nacht, das war vorgetäuscht. – Ja, ich dich auch. – Ja, du mich auch.") und insgesamt eineinhalb Stunden unterwegs war. Während ich (zumindest theoretisch) mit dem Auto nur 20 Minuten brauchte. Jedenfalls zwischen drei und vier Uhr morgens am ersten Weihnachtsfeiertag.

Ich muss das hier noch mal ganz deutlich sagen: Ich würde gerne was für den Umweltschutz tun. Wirklich. Im Herzen bin ich grün. Total. Aber aus den genannten Gründen ist es bei mir ziemlich blöd, wenn ich mit öffentlichen Verkehrsmitteln fahre. Also jeden Tag drei Stunden im ÖPNV, das macht ja pro Jahr einen kompletten Monat. Die andern dagegen, die sind nur zu faul, um auf Bus und Bahn umzusteigen. Säcke. Umweltverschmutzer. Egoisten. Dreckschleudern. Co_2-Junkies. Jetzt fahrt doch endlich weiter!

Zukunftsplanung

Ratgebers taten bei ihrem Anruf sehr geheimnisvoll. Nee, sie würden das lieber persönlich besprechen. „So am Telefon ist blöd." Es ginge um unsere Zukunft. Und überhaupt. Und sie würden jetzt einfach vorbeikommen. Das könne nicht warten. Aufgelegt. Also: Ich hatte mich eigentlich auf einen schönen Abend gefreut – und nun Anke und Peter. Mann! Es bleibt einem auch nichts erspart. Es blieb allerdings keine Zeit, mich aufzuregen, denn eine Minute später klingelte es. Wahrscheinlich hatten die beiden Nervtöter aus dem Auto angerufen.

Wir umarmten uns. Natürlich. Wie es sich gehört. Unter Freunden. Wobei Anke mich so theatralisch und mit Tränen in den Augen an ihre breite Brust quetschte, als müsste ich demnächst zum Fronteinsatz nach Afghanistan. Peter dagegen schlurfte direkt zu unserem Kühlschrank, holte sich ein Bier und ließ sich dann breitbeinig aufs Sofa fallen. Energisch rief er: „Das kann doch so nicht weitergehen. Oder?" Mir wurde flau. Was meinte er bloß? Was konnte so nicht weitergehen? Wollte er uns die Freundschaft kündigen? (Hey, das war unsere Chance!) Brauchte er Geld für seine urologische Doktorarbeit? (Irgendwas über „Lustempfinden bei ‚Extrakorporaler Stoßwellenlithotripsie'". Ist bestimmt pervers.) Oder hatte er sein Herz für ein soziales Projekt in Nicaragua entdeckt? (Spontan dachte ich: „Ja, Peter, bei ‚Ärzte ohne Grenzen' bist du genau richtig!")

Meine Auserwählte setzte sich sehr aufrecht auf die Kante ihres Sessels. Misstrauisch. „Äh, was meinst du denn damit?" Peter schüttelte traurig den Kopf. „Jeden Tag zur Arbeit fahren. Jeden Tag irgendwelchen Leuten an den Genitalien herumschneiden. Jeden Tag in unsere öden Häuser zurückkommen. Sind wir dazu hier auf der Welt?" Die Frage hing wie ein trockener Pudding im Raum. „Äh, ich kann dir nicht ganz folgen." Peter erhob sich und breitete die Arme aus. „Fabian, schau doch genau hin! Was ist aus uns geworden? Aus uns, die wir so viele Träume und Ideale hatten? Wir wollten doch die Welt verändern. Alternativ wollten wir leben. Nicht so wie unsere Eltern. Nicht so spießig, konsumorientiert, banal und langweilig – wie ihr beide." Ich überlegte, ob ich ihn mit dem Glasaschenbecher aus dem Handgelenk direkt an der Nasenwurzel treffen würde, doch er sprach schon weiter: „Aber auch Anke und ich merken, dass nicht nur unsere Haare, sondern auch unsere Seelen grau werden. Das tut weh. Und ich frage: Wo ist das Feuer hin?"

Nun, Peter war schon immer ein dröger Kotzbrocken gewesen. Aber bei Miriam und mir hatte er natürlich schon Recht. Was passierte mit uns? Ich musste mehrfach schlucken. War das wirklich das Leben, das wir hatten führen wollen? Tagein, tagaus zur Arbeit hetzen? Von Verpflichtungen aufgezehrt werden? Im Hamsterrad verenden? Etwas in mir fing an, hysterisch zu klingeln. Doch Anke unterbrach meine Gedanken, mit sich leicht überschlagender Stimme: „Mensch, ihr habt doch da in eurer Familie diese große alte Mühle hinter Dresden geerbt. Lasst uns da gemeinsam eine Wohngemeinschaft aufmachen. Peter wird Landarzt. So wie der im Fernsehen. Ein echt süßer Typ. Aber nur für Privatpatienten. Du, Fabian, schreibst Bücher. Und wir Frauen bauen Öko-Produkte an. Oder machen eine Montessori-Schule auf. Oder töpfern. Oder was auch immer. Hauptsache, wir sind ganz bei uns selbst. Wir klinken uns aus dem Stress aus. Wir sitzen mit unseren Großfamilien im Freien an einer reich gedeckten Tafel, umgeben von fröhlichen Menschen – und leben wirklich. So, wie wir es uns immer gewünscht haben." Bewegt von ihren eigenen Worten, fing Anke an, laut zu weinen.

Abgesehen davon, dass mir diese Vision aus irgendwelchen Margarine-Werbespots bekannt vorkam, traf sie mich doch mitten ins Eingemachte. Oder so. Vielleicht musste ich jetzt etwas verändern, bevor es zu spät war. Bevor das Nest sich als Gefängnis erwies. Als Hochsicherheitstrakt ohne Ausbruchchance. War ich nicht längst eingesperrt? Erschüttert versprachen wir Ratgebers, ihren Plan sorgfältig zu überdenken. Bald. Ganz bald.

Abends lag ich dann lange wach. Aufgewühlt. Ging die Entscheidungen durch, die wir in den vergangenen Jahren gefällt hatten. Puh! Und dann, nach Stunden, beugte ich mich zu meiner Auserwählten rüber und flüsterte: „Weißt du was? Ich bin total glücklich mit dir. So, wie es ist." Leider schlief sie. Schade. Denn morgen hatte sie dieses Bekenntnis bestimmt schon nicht mehr verdient.

„Ehe und Wein haben eines gemeinsam: Die wahre Qualität
zeigt sich erst nach Jahren."
William S. Maugham

Fazit

In Jamaica sagt man „Bevor du heiratest,
halte beide Augen offen, doch hinterher drücke
eines zu." Richtig! Während der Nestbaujahre
braucht man unendlich viel Geduld, Toleranz
und Offenheit. Und vor allem: Man braucht sie
andauernd. Jeden Tag. Und bis zur Erschöpfung.
So, dass letztlich nur eines funktioniert: Ruhig
bleiben. Tief durchatmen. Und sich an irgend-
etwas festkrallen. Und immer wieder denken:
Der Partner kann nichts für sein behämmertes
Verhalten. Das ist ein Schöpfungsdefekt. Ein
Missing Link in der DNA.

Nun: Wenn es aber doch einmal so weit
kommt, dass man den anderen am liebsten auf
den Mond oder noch besser auf die Rückseite des
Mondes schießen möchte (damit man ihn nicht
mal mehr im Teleskop ertragen muss), weil er
sich beim Nestbauen wie ein absoluter Intelli-

genz-Verweigerer verhält, dann ist es gut, sich an den alten Spruch zu erinnern: „Das Geheimnis einer glücklichen Ehe besteht darin, dass man sich gegenseitig verzeiht, den anderen geheiratet zu haben." Ja. Wirklich. Liebe ist Gnade. Und Gnade ist Liebe. Also: Gnade uns Gott. Was er gerne tut. Davon bin ich überzeugt.

Entscheidend finde ich: Gerade wir Menschen in der Nestbauphase sollten der Welt zeigen, dass wir an die Zukunft glauben. Trotz aller Strapazen und Entbehrungen. Ich meine: Wir stehen in der Blüte des Lebens. Darum lasst uns blühen. Solange wir noch können. Ja, wir ausgelutschten Wracks müssen deutlich machen, dass wir uns vom Nestbau nicht unterkriegen lassen. Dass wir lässig und cool mit den Herausforderungen des Daseins umgehen. Von wem sollen denn sonst neue Impulse für die Gesellschaft kommen? Obwohl, ich habe neulich gelesen: Gerade die jungen Leute von heute eifern wieder Jesus nach. Ja: „Bis dreißig zu Hause, und wenn sie mal was tun, ist es ein Wunder." Kleiner Scherz. Nein, ganz im Ernst: Es hängt an uns. Die Jugendlichen sind noch auf der Suche, und die Älteren zelebrieren ihren Ruhestand. Also sind wir gefordert. Und zwar täglich mehr. Denn nur wer Nester baut, der baut auch Zukunft – und stellt Weichen für die nächsten Generationen. Klingt gut, oder?

Wirklich. Der Blick nach vorn wird immer wichtiger. Schließlich ist die Bevölkerungsentwicklung äußerst dramatisch. Ich weiß nicht, ob Sie das gelesen haben: In 20 Jahren kommt auf einen Leistungsträger ein Gebissträger. Und viele Senioren sind heutzutage ja richtig bösartig. Die sagen: „Ach, an sich würde ich schon gerne sterben – aber euch zeig ich's!" Nun, da bekommt das Wort „Altlasten" ganz neue Brisanz.

Nebenbei: Wussten Sie eigentlich, warum so viele Senioren in die Kirche gehen? Na? Weil man ihnen da sagt, sie seien berufen, Jünger zu werden. Andererseits werden ja schon jetzt im Winter scharenweise die Senioren nach Mallorca gekarrt, damit sie da die Betten vollmachen. Darum ist es so wichtig, dass wir die Welt jung halten. Weil sonst wahrscheinlich Bill Gates eine neue Tastenkombination entwickelt: „Alt – Entfernen!"

Neulich fragte mich jemand verzweifelt: „Ja, ich will ja aktiv bleiben. Aber woran merkt man denn überhaupt, dass man alt wird?" Da habe ich geantwortet: „Wenn du beim Besuch auf dem Friedhof denkst ‚Lohnt sich der Heimweg?'" Und genau da steckt das Geheimnis der Nestbauzeit: Man ist unglaublich engagiert – und das hält einen jung. Und vielleicht … vielleicht hilft Ihnen ja dieser Gedanke, das Ganze heil und munter zu überstehen. Ich schätze: Die Chancen dafür stehen ungefähr 80:20. Ich sag aber nicht wofür.

Über den Autor

Fabian Vogt, Jahrgang 1967, ist Schriftsteller und Teilzeitpfarrer im Vordertaunus-Städtchen Oberstedten. Mehrere seiner Romane und Kurzgeschichtenbände wurden mit Literaturpreisen ausgezeichnet oder dafür nominiert. Außerdem schreibt der promovierte Künstler kurzweilige Sachbücher zu theologischen und gesellschaftlichen Themen; wenn er nicht mit der Kabarettgruppe „Duo Camillo" deutschsprachige Kleinkunstbühnen unsicher macht. Fabian Vogt lebt mit seiner Familie im „schönsten Pfarrhaus Hessens" – behauptet er jedenfalls.

Veröffentlichungen

Sag einfach Ja! Der schaurig-schönste Tag des Lebens. (2009)

Hannibal Mayer. Der Zug der Elefanten. Ein wahres Abenteuer. Roman. (2008)

Die erste Ölung. Fantastische Geschichten. (2006)

Bube Dame König. Roman. (2005)

Zurück. Roman. (2000 – ausgezeichnet mit dem „Deutschen Science Fiction Preis")

Alles Luther – oder was? Das kleine Handbuch des evangelischen Glaubens. (2010)

Glauben ist ganz einfach ... wenn man nicht muss. Anregungen für eine befreite Spiritualität. (2007 – mit Martin Schultheiß)

Expedition zum Ich. In 40 Tagen durch die Bibel. (2006 – mit Klaus Douglass)
u.a.

Dank

Viele Paare in der Aufbauphase haben zu diesem Buch beigetragen. Zum Glück waren sie meist so beschäftigt, dass sie gar nicht gemerkt haben, wie dreist ich Teile ihrer Lebensgeschichten gekidnappt habe. Dennoch ist das meiste zumindest ein wenig verfälscht; um Freundschaften zu retten, Identifizierungen zu untergraben und Klagen zu vermeiden. All diesen lebhaften Vorbildern danke ich von Herzen. Im Besonderen

Ilona und Andreas – Na bitte, geht doch!
Monika und Ulrich – Lieber spät als nie.
Heidrun und Dieter – Geheimnisvolle Affäre.
Beate und Ralf – Habt ihr nicht mal bei den Beatles mitgespielt?
Irina und Dominik – Ihr seid eine wahre Fundgrube.
Ruthild und Alexander – Rent a name.
Heidi und Christoph – Ihr habt echt Hausaufgaben gemacht.
Anke und Schorsch – Ihr wart das Tierischste in Südafrika.
Nina und Wolfgang – Alles oder Nichten.

Simone und Rainer – Komm ich heut net, komm ich moin.

Verena und Christoph – Macht euch bereit: Rupsl is coming.

Uli und Lars – Was für ein inspirierendes Paar.

Anke und Ingo – Hört ihr den Ruf des Kardinals?

Noch viele anregende Beziehungstäterinnen und -täter wären hier zu nennen. Aber der Anstand gebietet mir zu schweigen. Fühlt euch trotzdem herzlich gegrüßt. Nicht unerwähnt lassen darf ich zudem Peter Krausch, der mich ungewollt in die Niederungen der Offenbacher Subkultur eingeführt hat. Er arbeitet dort als Entwicklungshelfer. Und natürlich geht der größte Dank an meine Auserwählte, die wieder mal und unbedingt das letzte Wort haben möchte. Bitteschön!

Miriam: „Liebe Leserin, lieber Leser! Ich habe eine Unterlassungsklage gegen dieses Buch eingereicht. Nichts davon stimmt. Wirklich. Ich muss erklärend hinzufügen: Der Autor ist einfach … anders als Menschen, von einer virulenten Fantasie befallen – und nur durch ein Missverständnis zu meinem Ehemann geworden. Sich im Leben einzurichten, gehört zu den wundervollsten Erfahrungen, die man machen kann. Jedenfalls dann, wenn man den richtigen Partner hat. Danken Sie Gott, falls Sie dieses Glück erleben!"